DANIEL KOLENDA

WILDNIS ÜBERLEBENS HANDBUCH

WIE MAN DURCH SCHWERE ZEITEN HINDURCHKOMMT

CfaN CHRISTUS FÜR ALLE NATIONEN

Australien • Brasilien • Kanada • Deutschland • Hongkong
Singapur • Südafrika • England • USA

Daniel Kolenda mit Bob Gladstone
Überlebenshandbuch für die Wüste

ISBN 978-3-96431-009-5

2. Auflage, 1. Druck

Titel der amerikanischen Originalausgabe:
Surviving your wilderness

Buch ISBN 978-1-933446-22-6

Die Bibelzitate wurden der revidierten Elberfelder Bibel entnommen soweit nicht anders vermerkt.

Umschlaggestaltung: Designstogo.net
Layout: SimpsonProductions.net

Christus für alle Nationen e.V.
Postfach 60 05 74
60335 Frankfurt am Main
Deutschland

www.cfan.eu

INHALTSVERZEICHNIS

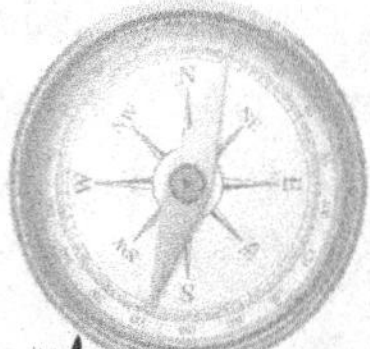

EINLEITUNG

Winston Churchill sagte einmal inmitten einer der größten Krisen der Weltgeschichte: „Wenn du durch die Hölle gehst, dann geh weiter.“ Diese Worte sind heute immer noch für jeden aktuell, der durch eine Zeit der Anfechtung geht. Anfechtungen und Trübsal müssen nicht unser Schicksal sein. Sie können jedoch der Übergang zu etwas Größerem für uns werden.

Vielleicht gehst du in deinem Leben durch eine schwierige Phase. Vielleicht fühlst du dich geistlich ausgetrocknet und allein. Vielleicht scheint es dir so, als ob deine Gebete nicht gehört werden und du fragst dich, ob Gott überhaupt weiß, wo du bist. Doch du bist nicht allein. Millionen Gläubige sind bereits durch ähnliche Situationen gegangen und haben dieselben Emotionen durchlebt. König David sang in den Psalmen über das tiefe und finstere Tal des Todesschattens. Johannes vom Kreuz schrieb über die dunkle Nacht der Seele. Sogar Jesus ging durch Zeiten des Leidens, als er *„Bitten und Flehen mit lautem Schreien und mit Tränen dem dargebracht, der ihn vom Tod erretten konnte"* (Hebräer 5,7; Luther). Viele nennen Zeiten wie diese Wüstenzeiten oder Zeiten in der Wildnis.

Die Wildnis ist ein erbarmungsloser Ort. Dennoch ist sie genauso wichtig für unser Leben wie sie schmerzhaft ist. Zu Beginn einer solchen Zeit scheinen oftmals Einsamkeit, Verzweiflung und Hoffnungslosigkeit zu regieren. Doch Gott will unsere Perspektive verändern. Er ist mit uns und möchte, dass uns die Wildnis zum Besten dient. Um ihre Früchte zu ernten, müssen wir jedoch ihr Wesen und ihren Zweck verstehen. Das ist der Grund, warum ich dieses Buch schreibe. Es richtet den Blick auf die Bibel, unser geistliches Überlebenshandbuch – die grundlegendste und wichtigste Quelle der Weisheit, um Wüstenzeiten durchzustehen und durch sie hindurch sicher an den Ort unserer Verheißung zu gelangen.

Doch fangen wir mit dem Wichtigsten an. Wenn du nicht von Neuem geboren bist und dich zur Familie Gottes zählst, werden dir die Gedanken dieses Buches nicht weiterhelfen können. Bevor jemand die Gnade Gottes durch den Glauben an Jesus Christus empfängt, ist er oder sie in einer ewigen

Wildnis verloren, die über diese Welt hinausreicht und sich in die kommende hinein erstreckt. Da gibt es keinen Ausweg außer einem: *Tue Buße und glaube an das Evangelium.* Indem du Jesus zu deinem Herrn und Retter machst, trittst du in das Königreich Gottes ein. Dies macht dich zu einem Kind des liebevollsten, mächtigsten und wundervollsten Vaters, den es gibt. Er weiß, wie er sich um dich kümmern und auf deinem Lebensweg leiten muss, sogar wenn dieser dich durch eine Wildnis führt. Es ist seine Weisheit für diese Zeiten, die ich in diesem Buch erkunden möchte.

Deshalb werde ich auf sechs Strategien eingehen, die Überlebensexperten für den Fall entwickelt haben, dass man sich in der Wüstenregion verirrt. Wie du sehen wirst, gibt es verblüffende Gemeinsamkeiten zwischen den Überlebensstrategien für eine reale, natürliche Wildnis und denjenigen für eine geistliche Wildnis.

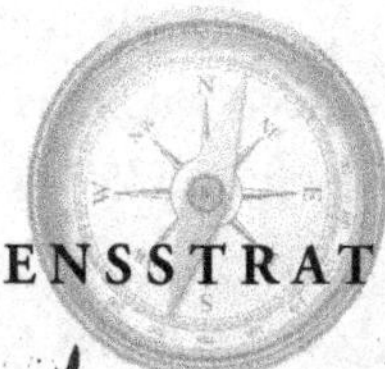

ÜBERLEBENSSTRATEGIE NR. 1

KEINE PANIK!

Um eine reale, natürliche Wüstenzeit zu überstehen, braucht es weitaus mehr als nur die Fähigkeit, sich einen Unterschlupf aufbauen, ein Feuer anzünden und Wasser reinigen zu können. Es erfordert eine bestimmte psychische Einstellung, eine Sichtweise, *einen Lebenswillen,* der die Angst und den Stress überwindet, die üblicherweise mit einer Krise einhergehen. In der Tat gab es Leute, die sich in einer Wildnis verirrten und dort starben, obwohl sie die genannten Fertigkeiten besaßen, weil es ihnen an Lebenswillen mangelte. Wiederum gab es andere, welche diese Fertigkeiten nicht besaßen, aber dafür den Willen, durch den sie letztlich einen Weg zum Überleben fanden.

Wenn wir eine geistliche Wildnis betreten, tendieren wir dazu, unserem Denken und unserer Fantasie freien Lauf zu lassen. „Werde ich hier jemals rauskommen?" „Warum passiert mir so etwas?" „Ich fühle mich nicht dazu in der Lage." „Versteht Gott nicht, was ich durchmachen muss?" „Ist er wütend auf mich?" „Richtet er mich?" „Ist er überhaupt real?" Auch wenn es ganz natürlich sein mag, solche Fragen zu stellen, können diese doch mit der Zeit unser Vertrauen auf Gott ersticken. Da diese Fragen direkt mit dem Wesen Gottes zu tun haben, müssen die Antworten darauf biblisch fundiert sein. Deshalb beginnt hier unsere Untersuchung. In einer solchen Wüstenregion hängt alles von unserer Sichtweise ab.

Also – wenn du dich in einer Wildnis befindest: Lass keine Panik aufkommen! Atme tief durch. Nimm dir einen Augenblick Zeit und erinnere dich daran, wer Gott ist, wer du in Christus bist und was die Bibel über seine Treue in schwierigen Zeiten sagt. Angst macht dich für die Lügen des Feindes anfällig. Er wird dich in Bezug auf Gottes Treue und Liebe dir gegenüber belügen. Er wird sogar bezüglich der Existenz Gottes lügen und darüber, wie wertvoll du für Gott bist. Solche Lügen haben das Ziel, dich deiner geistlichen Ausdauer zu berauben. Dies ist der Moment, in dem in dir der Lebenswille aufstehen muss – der Wille, im Geist zu leben, während du durch diese Phase gehst.

Für Gottes Kinder in der Wildnis bezieht sich dieser Lebenswille nicht auf einen bloßen Überlebenswunsch, sondern auf eine ernsthafte Entschlossenheit, Gott in allem zu vertrauen. Inmitten einer geistlichen Dürre musst du dich dafür entscheiden zu glauben und fest darin zu stehen, dass Gott real ist – manchmal entgegen allen Umständen, Emotionen und sogar dem Rat von Freunden. Gott ist gut. Er ist treu und mit Ihm wirst du es auf die andere Seite schaffen. Lass nicht den Feind oder die Umstände bestimmen, wer Gott für dich ist. Weigere dich, irgendetwas anderem als allein dem Wort Gottes zu glauben. Nimm dir ein Beispiel an David, der während seiner geistlichen Wüstenzeit zu Gott rief: *„Mein Herz ist getrost, o Gott, mein Herz ist getrost"* (Psalm 57,8; Schlachter).

Wenn du ein Kind Gottes bist, gibt es letztlich nichts, was dein Leben antasten könnte, das nicht unter Gottes leitender Aufsicht steht. Das ist eine sehr wichtige Wahrheit, an der du festhalten musst, gerade in den Zeiten, in denen es so scheint, als ob alles außer Kontrolle gerät. Alles in deinem Leben geschieht unter dem wachenden Auge Gottes. Er liebt dich innig und von Herzen. Er wacht über dir und wird nicht erlauben, dass dich irgendetwas von ihm trennt.

„*Denn ich bin überzeugt, dass weder Tod noch Leben, weder Engel noch Gewalten, weder Gegenwärtiges noch Zukünftiges, noch Mächte, weder Höhe noch Tiefe, noch irgendein anderes Geschöpf uns wird scheiden können von der Liebe Gottes, die in Christus Jesus ist, unserem Herrn.*“ (Römer 8,38f)

ÜBERLEBENSSTRATEGIE NR. 2

SCHÄTZE DEINE LAGE RICHTIG EIN!

Diejenigen, die in der Wildnis verirrt sind, müssen ihre Lage immer wieder neu realistisch einschätzen. Sie müssen Bilanz über ihre Vorräte und ihre Ausstattung ziehen und ihre Umgebung verstehen. Auf diese Weise können sie mit klarem Kopf vorwärtsgehen und ein gutes Konzept entwickeln, um durchzukommen.

Womit bist du ausgestattet?

Wenn wir uns in der Wildnis verirren, erhöht ein grundlegender Vorrat an Essen, Wasser, einem Messer und Streichhölzern unsere Überlebenschancen drastisch. Niemals ist unsere Ausrüstung wichtiger, als wenn unser Überleben auf dem Spiel steht. Dies gilt ebenfalls für die geistliche Einöde. Die Ausstattung, die Gott uns für unser geistliches Leben gegeben hat, ist immer wichtig und kostbar, aber in der Wildnis müssen wir sie wie nie zuvor wertschätzen und uns an ihr festklammern.

Diese Ausstattung besteht aus dem Wort Gottes, der Gemeinschaft mit anderen Christen und der Leitung des Heiligen Geistes.

Das Wort Gottes

Gottes Wort ist eine Oase der Wahrheit in jedem geistlichen Ödland. Egal, wie öde die Phase ist, in der du dich befindest, das Wort Gottes ist eine nie versiegende Quelle der

Erneuerung und der Stärke. Es wirkt immer, völlig unabhängig von äußeren Umständen. Lass Christi Wort reichlich in dir wohnen (nach Kolosser 3,16), weil das Wort dir nahe ist, in deinem Munde und in deinem Herzen (nach Römer 10,8). Wenn äußere Umstände der Wahrheit widersprechen, dann muss die Wahrheit unser inneres Befinden bestimmen. ‚*Siehe, du hast Lust an der Wahrheit im Innern*" (Psalm 51,8). Dies ermöglicht uns, aus unserem Herzen heraus zu leben und zu sprechen, anstatt aus unseren Umständen. Unser Herz ist die verborgene Kammer, die Gottes Wort aufbewahrt: „*In meinem Herzen habe ich dein Wort verwahrt, damit ich nicht gegen dich sündige*" (Psalm 119,11).

Dies ist besonders dann wichtig, wenn sich der Feind unsere Situation in der Wüste zunutze machen möchte, indem er uns mit Lügen und Versuchungen überflutet. Unsere einzige Waffe gegen ihn ist die Wahrheit des Wortes Gottes. Es ist unsere entscheidende Hilfe für die Wildnis. Jesus macht dies während seiner Zeit in der Einöde deutlich, als er auf die Versuchungen des Teufels mit Bibelstellen antwortet (Matthäus 4,1-11). Er wählt exakt die richtigen Bibelstellen und gebraucht die Wahrheit gegen den Feind. Das Wort Gottes besitzt unfassbare Kraft, wenn wir es im Glauben anwenden. Es ist unser größter Schatz in Zeiten der Dürre.

Gottes Wort schützt uns nicht nur vor Lügen, sondern es erinnert uns auch an Gottes Pläne und Absichten für unsere

Zeit in dieser Dürre. Die Wildnis kann uns völlig aus dem Gleichgewicht werfen und uns das Gefühl geben, dass wir auf einem absolut falschen Weg sind. Doch die Wahrheit der Bibel liefert uns das nötige Verständnis, um alles aus dem richtigen Blickwinkel heraus zu betrachten.

Die beiden Jünger, die auf der Straße nach Emmaus gingen, erlebten den plötzlichen Einbruch einer geistlichen Wüstenzeit. Sie waren verwirrt und am Boden zerstört. Verzagtheit machte sich breit. Ihre Hoffnungen waren zerschlagen. Die Jünger hatten das unheimliche Gefühl, das Böse hätte triumphiert. Ihr Held war gestorben. Jesus von Nazareth, der mächtige Prophet, von dem sie dachten, er würde Israel erlösen, schien wie ein falscher Messias voller Schmach untergegangen zu sein. Religiöse Führer hatten ihn verhöhnt und dann ermordet. Nun lag ihr Streben nach Freiheit und Herrlichkeit mit ihm begraben. Wie konnte das nur passieren? Wie konnte sich ihre große Hoffnung so plötzlich in eine Einöde verwandeln?

Jesus begegnet den Jüngern und bleibt zunächst unerkannt. Er geht mit ihnen und beginnt ein Gespräch. Er lässt sie erzählen, was sie bewegt und warum sie so niedergeschlagen sind. Dann verändert er grundlegend ihre Perspektive, indem er ihnen die Schrift auslegt (Lukas 24,27): *„Musste nicht der Christus dies leiden und in seine Herrlichkeit eingehen?“* (Lukas 24,26). Es ist interessant, dass Jesus sich ihnen nicht gleich offenbart.

Stattdessen bleibt seine Identität verborgen und er erklärt ihnen aus dem Wort Gottes heraus, dass ihre Umstände nicht hoffnungslos sind. Sie sind sogar ein wichtiger Teil des Heilsplans Gottes. Jesus verändert ihre Umstände nicht. Er verändert ihre Perspektive durch Offenbarung aus dem Wort Gottes. Jetzt verstehen sie nicht nur, dass Jesus von den Toten zurückgekehrt ist, sondern auch, dass es von Anfang an Gottes Plan war, Jesus für die Menschheit sterben zu lassen. Es gab keinen anderen Weg, um die Sünde zu vergeben und ihn zu verherrlichen. Die Wahrheit des Wortes Gottes verändert die Sichtweise der Jünger, nicht ihre Situation.

Das ist die Kraft des Wortes Gottes! Es ist ein kostbarer Schatz in der Wildnis. Wenn du den Blick auf deine Ausstattung richtest, ist es sehr wichtig, das Wort Gottes wiederzuentdecken. Denn in der Unwirtlichkeit hängt alles von unserer Perspektive ab.

Die Gemeinschaft mit anderen Christen

Die Wildnis muss für ein Kind Gottes kein einsamer Ort sein. Es soll eine Entdeckungsreise sein, auf die wir gemeinsam, Seite an Seite miteinander verbunden gehen. Sei es die Gefangenschaft in Ägypten, der Auszug durch das Rote Meer oder die Zeit in der Wüste Sinai – Israel erlebte die verschiedenen Lebensstationen gemeinsam als sehr große Familie. *„Ich will euch aber, liebe Brüder, nicht in Unwissenheit darüber lassen,* *dass unsre Väter alle unter der Wolke gewesen und alle durchs Meer gegangen sind … in der Wüste*" (1. Korinther 10,1.5; Luther). Dasselbe gilt heute immer noch für uns.

Es ist nicht Gottes Absicht, dass die Glieder des Leibes Christi alleine durch Bedrängnis gehen. Wir gehören zueinander und müssen die Freude und den Schmerz des anderen teilen. Das ist schlichtweg die Natur eines Leibes. „*Und wenn ein Glied leidet, so leiden alle Glieder mit, und wenn ein Glied geehrt wird, so freuen sich alle Glieder mit*" (1. Korinther 12,26; Luther). In Zeiten der Trübsal, wenn der Druck und die Anspannung steigen, die Emotionen verrücktspielen und es kaum Ruhe gibt, brauchen wir unsere geistliche Familie, die uns hilft, unsere Lasten mit uns zu tragen. „*Einer trage des anderen Last, so werdet ihr das Gesetz Christi erfüllen*" (Galater 6,2; Luther).

Inmitten einer geistlichen Wüstenzeit ermutigt der Autor des Hebräerbriefes die frühen Christen mit den folgenden Worten: „… *ermuntert einander jeden Tag, solange es heute heißt, damit niemand von euch verhärtet werde durch Betrug der Sünde!*" (Hebräer 3,13). Wenn wir in einer geistlichen Wildnis erst einmal isoliert sind, werden wir äußerst anfällig für Entmutigung und Täuschung.

Hast du schon einmal eine Tierdokumentation über Löwen und ihr Beuteverhalten gesehen? In solchen Sendungen kann man gewöhnlich gut beobachten, wie ein Löwe nur darauf wartet, dass sich ein Tier, das am Rande seiner Herde läuft, von ihr separiert. Der Löwe wird sich das Tier ins Visier nehmen, das sich von der Gruppe entfernt, weil er weiß, dass eine Herde Schutz gibt und der Einzelne außerhalb der Herde schutzlos ist. Der Teufel weiß dies ebenfalls! Die Bibel sagt, dass der Teufel umhergeht wie ein brüllender Löwe, der sucht, wen er verschlingen kann. Diejenigen, die sich isolieren, werden eine leichte Beute für Satan. Er weiß, dass wir in Zeiten des Schmerzes und der Bedrängnis ohne die Unterstützung des Leibes Christi seinen Verführungen und Fallen leicht zum Opfer fallen.

Als ich eines Tages den Abschnitt über die Waffenrüstung in Epheser 6 las, hatte ich eine Offenbarung. Die Textstelle sagt uns, dass Gott uns mit einer Rüstung für den Kopf, die Füße, die Brust und die Taille versorgt hat. Außerdem hat er uns den Schild und ein Schwert gegeben. Als ich dies las, wurde mir etwas bewusst, was ich nie zuvor bemerkt hatte: Alle Teile der Rüstung geben Frontalschutz, aber es gibt keinen Schutz für den Rücken! Erst wunderte ich mich sehr darüber, doch dann las ich Vers 18: *„Betet allezeit mit Bitten und Flehen im Geist und wacht dazu mit aller Beharrlichkeit im Gebet für alle Heiligen"* (Epheser 6,18; Luther). Dieser Vers, der in Zusammenhang mit der Waffenrüstung Gottes steht, mahnt uns, aufeinander achtzugeben und einander im Kampf zu verteidigen. Es gibt keine Rüstung für den Rücken, weil wir einander den Rücken decken müssen! Wenn Gott uns so ausrüstet, dass wir einander den Rücken decken sollen, dann zeigt es uns, dass er nie die Absicht hatte, uns alleine in die Schlacht zu schicken. Gott legte es in uns hinein, dass wir einander brauchen. Deshalb musst du dich in Zeiten der Trübsal, des Kampfes oder der Dürre mit Brüdern und Schwestern umgeben, die entschieden und beständig für dich beten und auf dich achtgeben.

Wenn du also an deine Ausstattung für die Zeit in der Wildnis denkst, berücksichtige dabei unbedingt deine geistliche Familie. Ziehe Nutzen aus der Anwesenheit und der Kraft deiner engsten Begleiter. Überlebensexperten raten dringend, die Gaben im Team auszuwerten, damit jeder weiß, wie man einander am effektivsten helfen kann, wenn es ums Überleben geht. Beim geistlichen Überleben ist es ganz genauso.

Die Leitung des Heiligen Geistes

Wer ist ein treuerer Gefährte in der Einöde als der Heilige Geist? Wessen Freundschaft ist in schwierigen Zeiten kostbarer als die des wunderbarsten, freundlichsten und engsten Vertrauten im ganzen Universum? Wenn du deine Lage und deine Ausstattung bedenkst, dann vergiss bitte das kostbare und persönliche Geschenk der Gegenwart und Gemeinschaft des Heiligen Geistes nicht. Der lebendige Gott in der Person des Heiligen Geistes geht dir voran, läuft neben dir her, schützt deinen Rücken, ruht auf dir und wohnt in dir. Was brauchst du mehr?

Je größer unsere Offenbarung seiner Gegenwart ist, desto größer ist unser Trost. Und je größer unser Trost ist, desto weniger fühlt sich die Wildnis tatsächlich wie eine Wildnis an. Das heißt nicht, dass der Heilige Geist uns vor jeglichem Schmerz und Leid bewahrt. Doch der tiefe Trost des Geistes hilft uns, unsere Freude und unseren Charakter inmitten der Wüste zu bewahren und in Christus mehr aufzublühen als je zuvor.

„Freuen werden sich die Wüste und das dürre Land, jauchzen wird die Steppe und aufblühen wie eine Narzisse. Sie wird in voller Blüte stehen und jauchzen, ja, jauchzend und jubelnd … Dann werden die Augen der Blinden aufgetan und die Ohren der Tauben geöffnet. Dann wird der Lahme springen wie ein Hirsch, und jauchzen wird die Zunge des Stummen. Denn in der Wüste bricht Wasser hervor und Bäche in der Steppe. Und die Wüstenglut wird zum Teich und das dürre Land zu Wasserquellen. An der Stelle, wo die Schakale lagerten, wird Gras sowie Rohr und Schilf sein“ (Jesaja 35,1f.5-7).

Wie können wir eine solch bunte, lebendige und fröhliche Zeit in der Wildnis erleben? – Durch die tröstende und verändernde Kraft des Heiligen Geistes. Das ist es wert, durch jedes Ödland zu gehen. Er erhellt unsere Wüstenzeit. Wir bekommen dort die Gelegenheit, den Trost des Heiligen Geistes in einem Maß zu erleben, wie wir es sonst nie erfahren würden. Nichts ist wertvoller, als sich des allgegenwärtigen Gottes bewusst zu werden. Wenn du eine Wildnis betrittst, dann entscheide dich einfach, dies als eine Gelegenheit zu sehen, mehr über die herrliche Realität des Heiligen Geistes zu entdecken.

Als der Patriarch Josef ein junger Mann war, sah er sich durch das Training des Herrn vielen Schwierigkeiten und Herausforderungen ausgesetzt – einschließlich seiner ungerechtfertigten Verhaftung – bevor er in Ägypten letztlich an die Macht kam. Genau an diesem Punkt gibt uns die Erzählung einen einfachen und doch ganz entscheidenden Kommentar: *„Der Herr aber war mit Josef"* (1. Mose 39,21).

Bereits zuvor wird erwähnt, dass die Gegenwart Gottes mit Josef war. Es war die Gunst des Herrn, die ihm zu hohem Ansehen und Erfolg in Potiphars Haus verhalf. Als Josef dann das Haus seines Meisters verlassen musste und ins Gefängnis geworfen wurde, blieb seine geistliche Position unverändert. Genauso wie Gott auch schon vorher mit Josef gewesen war, war er jetzt auch im Gefängnis mit ihm. Dass sich die Umstände radikal änderten, heißt noch lange nicht, dass Gott Josef verlassen hatte. Er war nach wie vor mit Josef, seinem auserwählten Diener, lenkte seine Schritte und formte seinen Charakter.

Hierin liegt das Geheimnis. Der Herr war nicht nur im allgemeinen Sinne mit Josef, während er beziehungsmäßig weit entfernt von ihm blieb. Nein, der Herr war im wahrsten Sinne des Wortes mit Josef. Er ging mit seinem treuen Diener gemeinsam durch die Anfechtung und das Leid hindurch.

Der Heilige Geist war an Josefs Seite, inmitten seines Leids. Zusammen gingen beide durch die Wüste und erlebten alle Emotionen und Anfechtungen gemeinsam.

So nimmt sich der Geist unserer Schwachheit an (nach Römer 8,26). Er seufzt mit uns, wenn wir in unserem Herzen seufzen (Römer 8,23.26). Seine Gegenwart ist nichts Oberflächliches und Mechanisches, sondern etwas Tiefes und Intimes. Der Heilige Geist erlebt unsere Wildnis mit uns und kennt unser Innerstes. Wir können in ihn hineintauchen. Er ist in uns. Er ist derjenige, der auch Jesus durch die Wüste geführt und ihm geholfen hat. Er weiß, wie man durch das Leid einer unwirtlichen Landschaft geht. Er kennt Gottes Willen und weiß, wie wir beten sollen. Er kennt unsere Gedanken, unsere Schwächen, unsere Stärken und weiß, wie wir auf Druck und Anfechtung reagieren. Deshalb weiß er genau, wie er uns am besten helfen kann. Er ist unsere Kraft und bringt uns zum Ziel.

Wenn du also deine Lage einschätzt, berücksichtige dabei die tröstende Gegenwart des Heiligen Geistes. Du musst verstehen, dass Gott selbst mit dir ist und er dir seine Fülle gibt. Du bist nicht alleine. Erlebe den Frieden und die Kraft des Geistes Gottes. Du kannst seinen Trost empfangen, sogar wenn es rein äußerlich betrachtet keinen Grund zur Hoffnung gibt. Gott möchte aus deiner Wildnis einen blühenden Garten hervorkommen lassen.

Verstehe deine Umgebung

Nicht alle derartigen Erfahrungen sind gleich. Manche werden durch Sünde und Ungehorsam verursacht, doch andere sind Trainingseinheiten des Heiligen Geistes. Wir müssen erkennen, in welcher Art von Wildnis wir uns befinden, damit wir wissen, wie wir genau vorgehen sollen. Lass uns deshalb nun die unterschiedlichen Arten betrachten.

Die Wildnis des Widerstands

Sünde ist etwas, was uns sehr leicht in eine geistliche Wüste umleiten kann. Als sich die Israeliten gegen den Herrn auflehnten, verlängerte er ihre Zeit in der Wildnis. Er sagte zu ihnen: *„Ihr sollt die Folgen eurer Sünden tragen und erkennen, was es bedeutet, wenn ich mich von euch abwende"* (nach 4. Mose 14,34). Den Großteil ihrer Zeit in der Wüste verbrachten die Israeliten in der Wildnis des Widerstands – Gott widerstand ihrem Ungehorsam und Unglauben (Hebräer 3,17-19).

Sünde ist eine böse Macht, die sich Gott widersetzt. Wenn wir erlauben, dass Sünde in uns Raum gewinnt und zur Gewohnheit wird, dann erleben wir nicht nur eine öde Zeit der Trennung, sondern auch eine Wildnis des göttlichen Widerstands. *„Ihr Abtrünnigen, wisst ihr nicht, dass Freundschaft mit der Welt Feindschaft mit Gott ist? … Darum heißt es: Gott widersteht den Hochmütigen"* (Jakobus 4,4.6; Luther).

Es ist ermüdend, unnötig und aussichtslos, zu versuchen, dem starken Wind des Widerstandes Gottes entgegenzulaufen. Doch wie kommen wir aus dieser Wildnis des Widerstands wieder heraus? Jakobus fährt fort:

„… den Demütigen aber gibt er Gnade. Unterwerft euch nun Gott! Widersteht aber dem Teufel! Und er wird von euch fliehen. Naht euch Gott! Und er wird sich euch nahen. Säubert die Hände, ihr Sünder, und reinigt die Herzen, ihr Wankelmütigen! Fühlt euer Elend und trauert und weint; euer Lachen verwandle sich in Traurigkeit und eure Freude in Niedergeschlagenheit! Demütigt euch vor dem Herrn! Und er wird euch erhöhen" (Jakobus 4,6-10). In anderen Worten: „Tue Buße!" Verlasse deine Sünde und wende dich voll und ganz Gott zu.

Entgegen der populären Meinung ist „Buße" kein negatives Wort. Es ist nicht die Stimme geistlicher Tyrannei oder das Toben eines wütenden Straßenpredigers, der seine Bibel schwingt und Fußgänger beschimpft. Buße ist keine

Gesetzlichkeit. Es ist nicht die Forderung kontrollierender Leiter oder eines zornigen Gottes.

Der Ruf zur Buße ist Gottes gnädige Einladung, Vergebung zu empfangen, unseren Weg zu ändern, geheilt zu werden und der Macht der Sünde zu entkommen. Es ist Gottes liebevolles Beharren darauf, dass unsere Sünden nicht das letzte Wort haben. Wir sind nicht dazu verdammt, in unseren schlechten Gewohnheiten zu bleiben. Buße ist der einzige Ausweg aus der Wildnis des Widerstands.

Wir müssen unbedingt verstehen, was Buße wirklich ist. Jakobus schreibt nicht einfach nur von einem veränderten Verhalten, noch nicht einmal von einem radikal veränderten Verhalten. Buße ist eine komplette Neugestaltung unseres Denkens und Lebenswandels, bei dem Jesus Christus das Zentrum ist. Aufrichtige Buße ist weniger eine Umkehr von der Sünde als vielmehr eine Hinkehr zu Jesus. *„Wendet euch zu mir und lasst euch retten, alle ihr Enden der Erde! Denn ich bin Gott und keiner sonst"* (Jesaja 45,22).

Wenn mein eigentliches Reiseziel der Norden ist, ich aber in Richtung Nordosten unterwegs bin, wird mir eine Kehrtwendung um 180 Grad nicht helfen. Eine 180-Grad-Drehung ist eine radikale Reaktion auf die Erkenntnis, dass ich auf dem Weg in die falsche Richtung war, aber sie führt mich nicht zwangsläufig auf den richtigen Weg. Eine 180-Grad-Drehung würde mich in diesem Fall Richtung Südwesten führen, nicht nach Norden. Dies zeigt, dass Veränderung durch meine eigene menschliche Weisheit nicht ausreicht, egal, wie radikal mein neuer Weg auch aussehen mag.

Wenn es bei Buße immer nur um 180-Grad-Drehungen ginge, dann wäre sie lediglich für Menschen, die in den abscheulichsten und schlimmsten Sünden leben und in eine Richtung gehen, die Christus komplett entgegengesetzt ist. Buße hätte dann keine Relevanz für all diejenigen, die mit dem Herrn wandeln, aber ein wenig vom Weg abgekommen sind. Doch wenn wir verstehen, dass es bei Buße weniger um eine Umkehr von Sünde als um eine Hinkehr zu Jesus geht, dann erkennen wir, dass Buße etwas ist, was wir jederzeit tun können, sobald uns der Geist der kleinsten Sünde überführt. Wenn wir also auf unserem Weg einige Grad daneben liegen – vielleicht, weil eine Einstellung oder eine Denkweise nicht mehr im Einklang mit dem Heiligen Geist ist –, können wir jederzeit wieder auf den richtigen Weg zurückkehren.

Dies ist ein sehr wichtiges Prinzip. Zahlreiche Menschen mussten viel länger in der Wildnis bleiben als vorgesehen, weil sie den falschen Fokus hatten. Sie konzentrierten sich zu sehr auf ihr Versagen und ihre Fehler. Sie fielen in ein tiefes Loch von Verdammnis und Schuldgefühlen und sagten sich: „Ich werde dieses Problem nie überwinden. Ich werde nie wie ein wahrer Christ leben …“ Immer und immer wieder versuchten sie, von ihren Sünden umzukehren, aber ohne Erfolg. Das Gefühl von Schuld, Scham und Wertlosigkeit brachte manche schon dazu, sich ganz von Christus abzuwenden. So verlängert sich ihre Wüstenzeit bis ins Unendliche – das ist eine weitaus schlimmere Situation, als es die anfänglichen Beschwernisse in der Wildnis jemals waren.

Aber wenn wir uns von der Sünde ab- und zu Jesus hinkehren, verändert sich alles. Jesus ist die vollkommene Schönheit und Heiligkeit (Offenbarung 1,12-20). Jesus ist unser höchster Gewinn (Philipper 3,7-11). Jesus ist der Täufer im Heiligen Geist (Matthäus 3,11), der uns dazu bevollmächtigt, siegreich zu leben (Römer 8,13). Jesus ist der Hohepriester, der sich mit unserer Schwachheit identifiziert und uns hilft, wenn wir in Versuchung geraten (Hebräer 4,14-16). Jesus ist unser Leben (Kolosser 3,1-4). Anstatt darüber nachzudenken, wie viele Fehler wir gemacht haben, lass uns auf Jesus selbst schauen. Das ist Buße! Wenn du dich in einer Wildnis befindest, in die du durch Sünde, Rebellion oder Ungehorsam hineingeraten bist, dann schau auf Jesus und wende dich ihm mit deinem ganzen Herzen zu. Kehre dich zu ihm hin und du wirst bald den Weg aus der Wildnis des Widerstands heraus finden.

Die Wildnis der Beförderung

Israels Wildnis des Widerstands war eigentlich ursprünglich als eine besondere Zeit der Beförderung gedacht. Doch der Ungehorsam des Volkes führte zu einem Aufschub dieser Beförderung um 40 Jahre. Gottes ursprünglicher Plan war es, Israel nur für eine kurze Zeit in der Wüste zu trainieren – nicht länger als 2 Jahre. Doch warum wollte Gott sein Volk überhaupt in dieser Unwirtlichkeit trainieren?

Gott hatte seinem Volk versprochen, sie aus Ägypten in ein gutes und weites Land, ein Land, in dem Milch und Honig fließen, zu führen (2. Mose 3,8). Dieses Land sollte für immer ihre Heimat werden (Jesaja 60,21), ein Schmuckstück unter allen Nationen (Hesekiel 20,6), der Ort, von dem aus Israel die Gebote des Herrn halten sollte (Psalm 105,44f). In ihrem eigenen Land sollte Israel als das Königreich des Himmels auf Erden blühen und gedeihen. Es sollte als göttliches Licht in der Welt leuchten und die Herrlichkeit des Charakters Gottes zum Ausdruck bringen.

Was für eine einzigartige Bestimmung! Gott segnete Israel mit einem himmlischen Ruf zu globaler Ehre, Leiterschaft und Dienst. Eine derartige Berufung setzt außergewöhnliche Demut und Treue voraus. Deshalb führte sie Gott durch die Wüste. Er prüfte sie, damit sich zeigte, ob sie ihrer Bestimmung würdig waren. Er bereitete sie auf eine einzigartige und wunderbare Beförderung vor – mit nichts in der gesamten Weltgeschichte zu vergleichen. Gott prüfte sie, denn er musste wissen, ob er ihnen solch eine wichtige Aufgabe anvertrauen konnte. Er musste sie darauf vorbereiten, seine Botschafter für die Nationen zu werden.

„*Und du sollst an den ganzen Weg gedenken, durch den der Herr, dein Gott, dich geführt hat diese 40 Jahre lang in der Wüste, um dich zu demütigen, um dich zu prüfen, damit offenbar würde, was in deinem Herzen ist, ob du seine Gebote halten würdest oder nicht. Und er demütigte dich und ließ dich hungern und speiste dich mit dem Manna, das weder du noch deine Väter gekannt hatten, um dich erkennen zu lassen, dass der Mensch nicht vom Brot allein lebt, sondern dass er von all dem lebt, was aus dem Mund des Herrn hervorgeht. Deine Kleider sind nicht zerlumpt an dir, und deine Füße sind nicht geschwollen diese 40 Jahre. So erkenne nun in deinem Herzen, dass der Herr, dein Gott, dich erzieht, wie ein Mann seinen Sohn erzieht.*“ (5. Mose 8,2-5; Schlachter)

Lies die letzte Zeile noch einmal. Die Erziehung des Herrn ist nicht nur zu unserer Korrektur da. Sie ist auch vorbereitend. Gott als liebender Vater trainiert seine Kinder für das königliche Geburtsrecht in seinem Königreich. *„Es dient zu eurer Erziehung wenn ihr dulden müsst. Wie mit seinen Kindern geht Gott mit euch um; denn wo ist ein Sohn, den der Vater nicht züchtigt? … dieser* [züchtigt uns] *zu unserem Besten, damit* *wir an seiner Heiligkeit Anteil erlangen. Jede Züchtigung aber, wenn sie da ist, scheint uns nicht Freude, sondern Leid zu sein; danach aber bringt sie als Frucht denen, die dadurch geübt sind, Frieden und Gerechtigkeit*" (Hebräer 12,7.10f; Luther).

Dem Herrn war es wichtig, zukünftigen Generationen zu zeigen, dass die Wüstenzeit eigentlich nicht als Züchtigung für Sünde geplant war. Die Tatsache, dass er Israel dennoch dort züchtigte, war kein Versehen oder ein Zeichen seiner Unfähigkeit, Versprechen einzuhalten. Israels Zeit in der Einöde war eine wichtige Trainingseinheit für ihren zukünftigen Auftrag. Es war ihre Wildnis der Beförderung.

Dasselbe gilt für uns. Gott hat jedem Gläubigen die höchstmögliche Berufung gegeben – nämlich Anteil an seiner Heiligkeit zu haben (Hebräer 12,10). Doch was bedeutet es genau, an seiner Heiligkeit Anteil zu haben? Lies einmal, was Paulus dazu sagt: „*Wir wissen aber, dass denen, die Gott lieben, alle Dinge zum Guten mitwirken, denen, die nach seinem Vorsatz berufen sind. Denn die er vorher erkannt hat, die hat er auch vorherbestimmt, dem Bilde seines Sohnes gleichförmig zu sein, damit er der Erstgeborene sei unter vielen Brüdern*" (Römer 8,28f).

Jeder von uns ist dazu berufen, so zu sein wie Jesus. Das bedeutet es, an seiner Heiligkeit Anteil zu haben. Wir sind berufen, an seiner Natur teilzuhaben und unseren Herrn in Liebe, Charakter, Weisheit und Kraft zu repräsentieren. Dazu hat uns Gott errettet. Er hat uns gerechtfertigt, damit er uns in das Ebenbild seines kostbaren Sohnes verwandeln kann. Gibt es eine höhere Berufung? Gibt es eine größere Bestimmung? Was für ein Privileg, in Gottes Familie hineingerufen zu werden! Und genau wie es unsere allgemeine Berufung ist, Christus der Welt bekanntzumachen, so ist es unsere spezifische Berufung, Jesus innerhalb unseres persönlichen Umfelds bekanntzumachen – durch unsere Beziehungen, Begabungen und Berufe.

Das bedeutet, wir brauchen Training. Wir müssen lernen, wie wir uns ganz von Gott abhängig machen und uns nicht mehr auf uns selbst verlassen. Wir müssen Gott erlauben, uns in vollkommene Gefäße des Heiligen Geistes zu verwandeln, die nicht mehr aus ihren fleischlichen Begierden heraus leben, sondern aus dem Charakter Christi. Wie unbezahlbar ist sein Ebenbild in uns! Genau wie unsere Seelen nicht mit Gold oder Silber erkauft werden konnten, sondern nur mit dem kostbaren Blut Jesu, so kann auch Christi Ebenbild nicht einfach ohne Weiteres Gestalt in uns gewinnen. Ja, es ist ein Geschenk, das wir bekommen, wenn wir glauben. Aber das Ausleben im täglichen Leben kostet viel (Philipper 2,12). Wir können nicht mal eben über Nacht zu reifen Nachfolgern Christi werden, die gleich in den schwierigsten Umständen ganz selbstverständlich Christus verkörpern. So eine Reife entsteht nicht in der Mikrowelle. Wir brauchen mehr als nur ein Seminar oder ein Gemeindetreffen. Wir können sie noch nicht einmal in einer Erweckungsveranstaltung bekommen. (Auch wenn diese Dinge alle wichtig sind und uns mit wertvollen geistlichen Schätzen versorgen.) Nein, nur in den Stürmen und Kämpfen des Lebens werden wir mehr und mehr wie Jesus.

Dies ist der Zweck der Wildnis. Wenn Gott uns auf eine neue Ebene der geistlichen Autorität bringen möchte, hebt er uns nicht einfach in eine neue Position. Er bereitet uns vor. Er trainiert uns und läutert uns, bevor er uns in eine neue Dimension unserer Bestimmung bringt. Wenn wir diesem Prozess widerstehen, widerstehen wir unserer Beförderung.

Die Zeit in der Wildnis ist ein Prozess. Es ist eine trockene und schwierige Zeit, in der Gott unsere eigene Versorgung fortnimmt und wir dadurch von Gott als unserem Versorger abhängig werden. Gott möchte keine oberflächlichen Menschen. Gott möchte auch keine Kinder, die sich zwar in der Gemeinde geistlich korrekt verhalten können und die wissen, wie man in leichten Zeiten durchs Leben kommt, die sich aber genau wie die Welt um sie herum verhalten, sobald Druck oder Ungerechtigkeit auftauchen. Gott möchte Menschen wie seinen Sohn – voll entwickelte, geistliche Leute, die durch raue und trockene Landstriche gegangen und am Ende wie leuchtende Sterne daraus hervorgetreten sind: „*… wenn er mich prüft, so werde ich wie Gold hervorgehen*“ (Hiob 23,10; Schlachter).

Gottes Hammer und Meißel bringen echten Charakter, Glauben und Reife in Menschen hervor. Diejenigen, die das erlebten, erfuhren, als sie am Boden waren, eine echte Begegnung mit Gott. Und jetzt ähneln sie Jesus: Sie sind demütig, liebend, kraftvoll und echt. Man kann solche Resultate nicht über Nacht erreichen. Man kann sie auch nicht zum Schnäppchenpreis erhalten. Sie kommen nur durch Gottes schmerzhafte Lebensschule hervor und haben als Resultat den wundervollen Charakter Jesu.

Israels Weg zum Verheißenen Land führte durch die Wildnis. Da die Israeliten Gott durch Rebellion und Murren widerstanden, musste die erste Generation in dieser Einöde umherwandern, bis sie dort starb, ohne das Ziel erreicht zu haben. Genauso wurde Josef, bevor sich sein Traum von Größe erfüllte, in der trockenen Wildnis der Ablehnung, der Grube und des Gefängnisses geformt. In all dem blieb er Gott treu und wurde zum mächtigsten Mann der Welt neben dem Pharao. Aber er musste auf eine solche Ehrenposition vorbereitet werden. Der Teenager, der mit seinen Träumen prahlte, war noch nicht bereit, um Ägypten zu regieren. Er brauchte Jahre der ernsthaften Anfechtung, um von Gott geformt zu werden. Sogar Jesus *„hat … obwohl er Gottes Sohn war, doch an dem, was er litt, Gehorsam gelernt. Und als er vollendet war, ist er für alle, die ihm gehorsam sind, der Urheber des ewigen Heils geworden“* (Hebräer 5,8f). Vor der Beförderung gibt es einen Prozess und vor der Auferstehung kommt der Tod.

Wir können diese Erziehung des Herrn nicht umgehen. Einige haben es versucht und dadurch Kompromisse oder sogar Verderben in ihr Leben gebracht. Sie bemühten sich, die Wüste zu umgehen, denn „… *sie haben meine Wege nicht erkannt*" (Hebräer 3,10). Sie wollten den Siegespreis ohne die Kosten, den Erfolg ohne das Training und die Krone ohne das Kreuz. Aber bei Gott ist es anders. Der Weg zu Herrlichkeit, Ehre und Ruhm führt durch trockene und raue Wüsten. Also schätze deine Lage richtig ein. Überprüfe, ob du dich in einer Wildnis der Beförderung befindest.

Vielleicht benutzt der Heilige Geist dieses Buch, um dir zu zeigen, an welchem geistlichen Standort du dich in der Wildnis der Beförderung befindest. In diesem Fall hast du einen wunderbaren Vorteil. Du kannst deine Situation beurteilen, weißt, was Gott tut und wie du darauf reagieren kannst. Tu Buße, falls du dich Gott widersetzt hast und dich bei ihm beschwert hast. Wende dich dem Herrn zu und höre auf seinen Geist. Hab Mut. Gott ist mit dir. Glaube seinen Verheißungen, unabhängig davon, wie sehr diese deinen Umständen zu widersprechen scheinen. Bekenne seine Verheißungen mit echtem Glauben inmitten der Wüstenzeit. Gehorche ihm und vertraue ihm unbedingt. Lass dich durch diesen Prozess in das Ebenbild Christi verwandeln. Du wirst einen hohen Lohn erhalten und deine Bestimmung erfüllen. Wie Smith Wigglesworth schon sagte: „Nur geläutertes Gold ist tadellos."

ÜBERLEBENSSTRATEGIE NR. 3

FINDE EINEN BERGUNGSORT!

Wenn man sich in der Wildnis befindet, muss man sich unbedingt einen Unterschlupf, einen Zufluchtsort, suchen oder bauen. Die größte Gefahr liegt darin, den rauen Elementen der Wildnis ungeschützt ausgeliefert zu sein. Es ist entscheidend, dass die Körpertemperatur konstant bleibt. Das grelle Sonnenlicht und die extreme Hitze können schnell einen Hitzschlag verursachen, Regen und Kälte führen leicht zur Unterkühlung. Ein Ort, an dem wir uns bergen können, versorgt uns mit dem nötigen Schatten und der nötigen Wärme, um unsere Körpertemperatur so konstant wie möglich zu halten.

Auch dieser Rat von Experten lässt sich auf das geistliche Leben übertragen. So lautet eine der Verheißungen Gottes, in denen die Sprache und Symbolik der Wüstenwanderung Israels verwendet wird: „*... denn über der ganzen Herrlichkeit wird ein Schutzdach sein. Und ein Laubdach wird zum Schatten dienen bei Tag vor der Hitze, und als Zuflucht und Obdach vor Wolkenbruch und Regen*“ (Jesaja 4,5f). Diejenigen, die sich in einer geistlichen Wüste befinden, müssen diese Verheißung ernst nehmen und Gott als ihren Bergungsort und Schutz in der Wildnis suchen. Nur er kann sie vor den rauen Naturgewalten einer geistlichen Wildnis schützen.

Wir können der Versuchung erliegen, die Wüstenzeit als eine Zeit der Abwesenheit Gottes zu sehen. Doch das ist falsch. Auch wenn wir in der Wildnis auf sehr vieles verzichten müssen, bleibt die Gegenwart Gottes immer bei uns. Ein Kind Gottes ist nie von Gott abgeschnitten. Im Gegenteil, Gottes Gegenwart ist gerade in der Wüste mehr denn je unser Zufluchtsort. Vergiss nicht, dass eines deiner wichtigsten Privilegien die Leitung und der Trost des Heiligen Geistes ist. Gott ist immer bei uns, aber in der Verlassenheit der Wildnis können wir seine Gegenwart in neuerem und größerem Maße kennen lernen.

Diese Wahrheit ist eine Antwort auf das Gebet, das Moses einst in der Wüste betete: „Wenn dein Angesicht nicht mitgeht, dann führe uns nicht von hier hinauf!" Gott versicherte ihm: *„Mein Angesicht wird mitgehen und dich zur Ruhe bringen"* (2. Mose 33,14f). Eine Sache, die Israel in der Tat erlebte, war die kostbare Gemeinschaft mit ihrem einzigartigen, mächtigen und liebenden Gott. Sie waren nicht alleine in der Wildnis. Gott war mit den Israeliten und genauso ist Gott auch mit dir in deiner Zeit der Dürre und Herausforderung – er ist ganz nah bei dir.

Es ist also unbedingt notwendig, Gott zu unserem Zufluchtsort in der Wildnis zu machen, zu ihm zu laufen und in ihm zu bleiben. So wird Gott der Ort, an dem wir uns bergen können. Sieh die Zeit in der Wüste als Gelegenheit, Gott neu als deine Zuflucht und Stärke kennen zu lernen. Übe es ein, durch Gebet und Anbetung in seiner Gegenwart Schutz zu suchen. Er wird dich vor den schonungslosen Naturgewalten der geistlichen Wildnis behüten und bewahren.

Im Wort Gottes lesen wir, dass dämonische Mächte durch dürre Stätten ziehen (Matthäus 12,43). Sie haben es auf diejenigen abgesehen, die sich in den Prüfungen Gottes befinden. Aber selbst in solch schwierigen Umständen können wir in Christus verborgen bleiben, beschützt und von einer undurchdringbaren Festung mit starken Wänden sicher umgeben. Inmitten der Trockenheit und Dürre, die in der Einöde um uns herum herrscht, setzt Gott uns in einen ruhigen und geschützten Garten. Dieser wird unsere geistliche Körpertemperatur stabil halten, den extremen Umständen zum Trotz. *„Sie leiden weder Hunger noch Durst, Hitze und Sonnenglut schaden ihnen nicht"* (Jesaja 49,10; Einheitsübersetzung). Wie kann das sein? Wie kann die Zeit, in der wir am verletzlichsten sind, gleichzeitig die Zeit sein, in der wir den größten Schutz und die größte Beständigkeit erleben? Die Antwort finden wir in Psalm 46,2: *„Gott ist uns Zuflucht und Stärke, ein bewährter Helfer in allen Nöten"* (Einheitsübersetzung).

„Wer unter dem Schirm des Höchsten sitzt und unter dem Schatten des Allmächtigen bleibt, der spricht zu dem Herrn: Meine Zuversicht und meine Burg, mein Gott, auf den ich hoffe. Denn er errettet dich vom Strick des Jägers und von der verderblichen Pest. Er wird dich mit seinen Fittichen decken, und Zuflucht wirst du haben unter seinen Flügeln. Seine Wahrheit ist Schirm

und Schild, dass du nicht erschrecken musst vor dem Grauen der Nacht, vor den Pfeilen, die des Tages fliegen, vor der Pest, die im Finstern schleicht, vor der Seuche, die am Mittag Verderben bringt. Wenn auch tausend fallen zu deiner Seite und zehntausend zu deiner Rechten, so wird es doch dich nicht treffen. Ja, du wirst es mit eigenen Augen sehen und schauen, wie den Gottlosen vergolten wird. Denn der Herr ist deine Zuversicht, der Höchste ist deine Zuflucht. Es wird dir kein Übel begegnen, und keine Plage wird sich deinem Hause nahen." (Psalm 91,1-10; Luther)

Denk einmal darüber nach: Wann hat Gott zum ersten Mal versprochen, er werde bei den Menschen wohnen? Wann hat er seine Gegenwart unter ihnen erscheinen lassen? Wann gab er ihnen eine genaue Anleitung, wie sie seine Stiftshütte inmitten ihres Lagers bauen sollten? Es war in der Wildnis! Heute noch feiern die Juden das Laubhüttenfest, ein Fest, das an die Zeit erinnert, in der sie in Zelten in der Wildnis wohnten und Gott mitten unter ihnen ebenfalls in einem Zelt wohnte. Diese Wildnis ist nicht der Ort der Abwesenheit Gottes. Es ist der Ort, an dem er seine Gegenwart auf frische Weise offenbar werden lässt.

Nie ist Gott seinen Kindern näher als in diesen Phasen. Nie ist uns Gott gegenwärtiger, als wenn wir durch geistliche Wildnis gehen. Viele Menschen bezeugen, dass sie gerade in den schwierigsten Zeiten ihres Lebens Gottes Gegenwart realer empfunden haben als sonst. Oft hört man von solchen

Leuten Aussagen wie: „Ich würde diese Erfahrung gegen nichts in der Welt eintauschen." Inmitten von Schmerz und Leid lernten sie sowohl die intime Gegenwart als auch die Macht Jesu auf neue Weise kennen.

Auch du kannst ihn auf diese Weise erfahren. Aber du musst ihn zu deinem Bergungsort in der Wildnis machen. Egal, wie entmutigt du dich fühlst, mache dich auf und suche ihn. Lass dich von seiner Liebe und Wahrheit umhüllen. Erlebe Gott als Zufluchtsort, indem du mehr Zeit in seiner Gegenwart verbringst. Seine Treue ist dein Schild und Schutz (Psalm 91,4). Halte fest daran, dass du in einer göttlichen Festung, deren starke Wände die Naturgewalten nicht überwinden können, sicher geborgen bist. *„Und ob ich schon wanderte im finstern Tal, fürchte ich kein Unglück; denn du bist bei mir ... Du bereitest vor mir einen Tisch im Angesicht meiner Feinde ... Gutes und Barmherzigkeit werden mir folgen mein Leben lang, und ich werde bleiben im Hause des Herrn immerdar"* (Psalm 23,4-6).

ÜBERLEBENSSTRATEGIE NR. 4

ZÜNDE EIN FEUER AN!

Feuer zu machen ist eine weitere notwendige Maßnahme für ein Überleben in der Wildnis. Die Hitze des Feuers kann nasse Kleidung trocknen und den Körper wärmen, wenn es kalt wird. Man kann damit verschmutztes Wasser reinigen, indem man es abkocht. Experten behaupten auch, Feuer habe in einer Situation, in der es ums Überleben geht, den psychologischen Effekt, Mut zu vermitteln. Die Wärme und das Licht bringen Trost und bauen Zuversicht auf. Dies hilft uns, zur Ruhe zu kommen und klarer zu denken.

Wir brauchen all dies auch für unser geistliches Leben. Wüstenzeiten machen uns anfällig für negative Einstellungen. Leid und Schmerz kann uns wie ein kalter Regen durchnässen. Wut kann sich einschleichen und unsere Gedanken verunreinigen. Enttäuschung, die größte Gefahr in der Wildnis, kann uns den Blick der Hoffnung auf die Treue des Herrn versperren, die uns aus der Unwirtlichkeit heraus in das verheißene Land hineinführt. Die Hitze des Feuers ist es, die unsere Trauer trocknet, die Unreinheit unserer Wut abkocht und ein Leuchten ausstrahlt, das Glauben wiederherstellt. Göttliches Feuer bringt Wiederbelebung – mitten in der Wildnis.

Aber wie sieht das praktisch aus? Was ist in einer persönlichen Wüstenzeit das Feuer Gottes und wie kann es entzündet werden? Die Geschichte von Israels Aufenthalt in der Wildnis liefert uns auch hierauf die Antwort.

Wie wir bereits gesehen haben, war Israels Wüstenzeit Gottes festgesetzter Zeitpunkt, um seine Gegenwart unter seinem Volk aufzurichten. *„So vollendete Mose das Werk. Da bedeckte die Wolke das Zelt der Begegnung, und die Herrlichkeit des Herrn erfüllte die Wohnung“* (2. Mose 40,33f). Das war der Moment, in dem Gott unter seinem Volk Wohnung nahm. Aber es war nur der Anfang. Gott hielt für sein Volk in der Zeit, in der es in der Trockenheit der Wildnis geformt wurde, noch viel mehr bereit.

Nachdem die Gegenwart Gottes in das Heiligtum eingezogen war, musste er ihnen einen Weg zeigen, auf dem sein Volk sich ihm nahen konnte. In anderen Worten: Er musste sie lehren, wie sie ihn anbeten konnten. Und was lag mitten im Zentrum dieser Anbetung? Feuer! *„Und Mose und Aaron gingen hinein in das Zelt der Begegnung. Und als sie herauskamen, segneten sie das Volk. Da erschien die Herrlichkeit des Herrn dem ganzen Volk. Und Feuer ging vom Herrn aus und verzehrte auf dem Altar das Brandopfer und die Fettstücke. Als das ganze Volk es sah, da jauchzten sie und fielen auf ihr Angesicht“* (3. Mose 9,23f).

Was ist dieses Feuer während unserer persönlichen Wüstenzeit? Es ist leidenschaftliche und aufopfernde Anbetung. Zeiten der Trockenheit oder der Anfechtung sind nicht die Zeiten, in denen man das Feuer der Hingabe abkühlen lassen darf. Es sind Zeiten, in denen es sogar am hellsten leuchten sollte.

Aufopfernde Anbetung mit ganzem Herzen ist das, was in schwierigen Zeiten unseren Blick auf die Schönheit und Wahrheit unseres Herrn Jesus Christus ausrichtet. Sie hält unser Herz brennend mit Liebe und Ehrerbietung. Dies ist das Feuer, das Kummer, Wut und Enttäuschung von unseren Herzen fernhält. Welche Kälte oder Unreinheit kann den Flammen göttlicher Liebe widerstehen? Welcher dämonische Feind wagt es, sich einem Heiligen zu nahen, der die Nacht mit einem Feuerwerk der Anbetung erhellt? Feurige Hingabe terrorisiert unsere Feinde und ist die beste Verteidigung gegen Gefahren aus der Wildnis. Doch das Wichtigste ist: Sie erfreut Gott.

Dennoch ist es notwendig, sich daran zu erinnern, dass Israel nicht sein eigenes Feuer entzündete. Der Herr war es, der es entfachte. Diejenigen, die ohne Streichhölzer oder Feuerzeug in der Einöde unterwegs sind, müssen ihr eigenes Feuer mit den einfachen Mitteln anzünden, die ihnen die Natur zur Verfügung stellt. Das kann für diejenigen, die keine Erfahrung mit Überlebenstechniken haben, eine große Herausforderung darstellen. Aber es ist eine Herausforderung, die sich nicht auf die geistliche Wildnis übertragen lässt. Wir müssen uns nie Sorgen darüber machen, wie wir unser eigenes Feuer entfachen können. Genau wie das Feuer für den Altar aus der Gegenwart Gottes hervortrat, so zündet Gott auch die Flammen in unseren Herzen an. Durch Gott den Vater empfangen wir den Heiligen Geist bereits, wenn wir wiedergeboren werden. Unser Herr Jesus tauft uns dann mit dem Heiligen Geist durch Gnade. Der

Geist der Anbetung kommt als Geschenk Gottes. Wir müssen nicht in den Umständen um uns herum nach Inspiration für die Anbetung suchen. Wir können zum Herrn schauen und das starke Feuer, das in uns brennt, wieder neu entdecken.

Doch es ist unsere Aufgabe, dieses Feuer am Brennen zu halten. Gott zündet es an, aber er trägt uns auf, es zu erhalten. *„Ein beständiges Feuer soll auf dem Altar in Brand gehalten werden, es soll nicht erlöschen"* (3. Mose 6,6). Hier müssen wir mit Gott kooperieren. Paulus sagt uns: *„Ich ermahne euch nun, Brüder, angesichts der Barmherzigkeit Gottes, eure Leiber hinzugeben als ein lebendiges Opfer, heilig und Gott wohlgefällig. Das ist eure wahre Anbetung"* (nach Römer 12,1). Später fügt er hinzu: *„… brennend im Geist; dem Herrn dienend"* (Römer 12,11). Gott hat uns seinen Geist gegeben, aber wir sind dafür verantwortlich, die Flammen seines Feuers am Brennen zu halten, indem wir ihn auch in schwierigen Zeiten anbeten. Deshalb hält Paulus die Gläubigen dazu an, die bereits vorhandene Flamme des Geistes anzufachen: *„Und berauscht euch nicht mit Wein, worin Ausschweifung ist, sondern werdet voller Geist, indem ihr zueinander in Psalmen und Lobliedern und geistlichen Liedern redet und dem Herrn mit eurem Herzen singt und spielt! Sagt allezeit für alles dem Gott und Vater Dank im Namen unseres Herrn Jesus Christus!"* (Epheser 5,18-20).

Anbetung berührt dann das Innerste Gottes, wenn sie aus unserem Innersten kommt. Der Herr wartete nicht, bis sich

Israel in Kanaan niedergelassen hatte, bevor er ihre Anbetung annahm. Er setzte die Israeliten mit seinem Feuer in Brand, noch bevor sie im Verheißenen Land ankamen. Es entspricht seiner Weisheit, sie nicht erst nach dem Erlangen von Erfolg, Identität und Ruhm in die Anbetung zu führen. Dann wäre ihre Anbetung ein fremdes Feuer, nichts anderes als eine selbstsüchtige religiöse Fassade ohne Inhalt – und ohne Gott.

Israels Charakter musste in der Wüste Sinai durch Feuer geschliffen werden. Sie hätten sich nicht selbst aus eigener Kraft in Brand setzen können, nachdem sie in Kanaan angekommen wären. Sie mussten bereits brennend aus der Wildnis herauskommen. Aus diesem Grund erschien der Herr Moses persönlich in einem brennenden Busch in der Wüste. Dieser Busch symbolisierte die Bestimmung und Identität seines Volkes. Israel war ein Busch in der Wüste, von Gott in Brand gesetzt. Gott nahm diesen Busch, der mit seiner Herrlichkeit brannte, und pflanzte ihn in das Verheißene Land ein.

Dasselbe gilt für uns. Gott führt uns in die Einsamkeit der Wildnis, um uns in Brand zu setzen. Denn dann kann er uns als Leute, die gelernt haben, ihn wirklich mit treuen und leidenschaftlichen Herzen anzubeten, in unsere Bestimmung führen. Wir können keine hingegebenen, liebenden Anbeter werden, wenn wir nur gelernt haben, ihn unter den besten Voraussetzungen anzubeten – während der unterhaltsamsten Gottesdienste, zur coolsten Musik und mit den besten

Musikern. Wir müssen lernen, ihn mitten in der Wildnis anzubeten. Wenn wir nicht in diesen Zeiten für Gott brennen, dann werden wir überhaupt nicht für ihn brennen. Im Gegenteil, wenn wir in der Vergessenheit der Wüste anbeten, kann uns Gott auch in der Öffentlichkeit gebrauchen. Denn dann bestehen unsere Flammen aus glühender Herrlichkeit und nicht aus fleischlicher Leidenschaft. So formt Gott wahre Anbeter. Lass also die Gelegenheit der Wildnis nicht ungenutzt an dir vorbeiziehen. Verwandle die Ödnis in einen Tempel der Herrlichkeit.

Wenn du inmitten der rauen Umstände deiner persönlichen Wüste das Empfinden für sein Feuer verloren hast, dann wende dich Gott wieder zu. Du besitzt die brennende Flamme Gottes in deinem Inneren. Halte Gemeinschaft mit dem Geist, der in deinem Inneren wohnt und entdecke sein Feuer wieder neu, um Jesus zu verherrlichen und den Vater anzubeten. Öffne dein Herz unabhängig von deinen Umständen und Gefühlen und lass Anbetung aus deinem Mund hervorkommen. Vergiss nicht seine wunderbare Gnade, seine beständige Liebe und die Gabe seines Sohnes Jesus Christus. Jesus Christus ist sein kostbares Geschenk an dich! Danke ihm mit Leidenschaft. Bete ihn voller Liebe an. Nicht weil dir gerade danach ist, sondern weil es dem Herrn gebührt – vor allem in der Wildnis. Wenn du dich selbst auf diese Weise auf den Altar legst, wird die Flamme Gottes dich als lebendiges

Opfer verzehren. Und dieses Feuer wird dein Herz bewahren, deine Seele nähren und deine Nacht erhellen.

Deshalb: Erfülle deine Wildnis mit dem Feuer der Anbetung.

ÜBERLEBENSSTRATEGIE NR. 5

TRINKE WASSER!

Um in einer natürlichen Wildnis überleben zu können, ist es unerlässlich, genug Flüssigkeit zu sich zu nehmen – und das gilt genauso für jede geistliche Wildnis. So wie es bei heißem, trockenem Wetter lebensnotwendig ist, sauberes Wasser zu trinken, müssen wir in den Zeiten der Herausforderung aus der Gegenwart Gottes trinken. *„Gott, du bist mein Gott; dich suche ich von ganzem Herzen. Meine Seele dürstet nach dir, mein ganzer Leib sehnt sich nach dir in diesem dürren, trockenen Land, in dem es kein Wasser gibt"* (Psalm 63,1; Neues Leben). Überlebensexperten machen uns ausdrücklich darauf aufmerksam, dass wir nicht erst darauf warten sollen, bis wir den Durst spüren, um dann zu trinken, sondern stets so viel wie möglich zu uns zu nehmen, um den Flüssigkeitsgehalt des Körpers stabil zu halten. Gleichermaßen ist es notwendig, dass diejenigen, die sich in einer geistlichen Wildnis befinden, ständig mit Gottes Geist erfüllt sind. *„Wer von diesem Wasser trinkt, wird wieder Durst bekommen; wer aber von dem Wasser trinkt, das ich ihm geben werde, wird niemals mehr Durst haben"* (Johannes 4,13f; Einheitsübersetzung).

Die Art, wie Gott die Israeliten in der Wüste versorgte, lässt sich auch auf unsere geistlichen Zeiten in der Wildnis übertragen: *„… und alle denselben geistlichen Trank tranken, denn sie tranken aus einem geistlichen Felsen, der sie begleitete. Der Fels aber war der Christus"* (1. Korinther 10,4). Die Ströme des Geistes Gottes sind unsere Stärkung in der Trockenheit der Wildnis. Genau wie der Heilige Geist unser Tröster, unser

Schutz und unser Feuer ist, so ist er – wie das Wasser – die Essenz unseres Lebens. Jesus sagte: *„Wenn jemand dürstet, so komme er zu mir und trinke! Wer an mich glaubt, wie die Schrift gesagt hat, aus seinem Leibe werden Ströme lebendigen Wassers fließen"* (Johannes 7,37f).

Die Bibel vergleicht den Heiligen Geist häufig mit Wasser. Joel verkündet Israels zukünftige Wiederherstellung, indem er die Israeliten daran erinnert, dass Gott ihnen Regen schickt – *„den Herbstregen und den Frühjahrsregen wie in früheren Tagen"* (Joel 2,23). Dann überträgt er dieses Bild auf die Gabe des Geistes: *„In den letzten Tagen … werde ich meinen Geist über alle Menschen ausgießen"* (Joel 3,1; Neues Leben). Als am Pfingsttag die Prophetie Joels erfüllt wurde, heißt es: *„Und sie wurden alle mit Heiligem Geist erfüllt"* – wie mit Wasser – *„und fingen an in anderen Sprachen zu reden, wie der Geist es ihnen gab auszusprechen"* (Apostelgeschichte 2,4).

Doch wie können wir vom Wasser des Heiligen Geistes trinken oder mit ihm erfüllt werden? Wie können wir durch die Gegenwart des Geistes mit Flüssigkeit versorgt werden, während wir gleichzeitig eine trockene geistliche Landschaft durchqueren? Wir tun dies, indem wir im Geist beten. Sehen wir uns an, was Paulus den Christen in Ephesus schreibt, während diese in einem intensiven Glaubenskampf stehen: *„Mit allem Gebet und Flehen betet zu jeder Zeit im Geist"* (Epheser 6,18). Judas schreibt Gläubigen, die sich in Schwierigkeiten befinden: *„Ihr aber, Geliebte, erbaut euch auf eurem heiligsten Glauben, betet im Heiligen Geist, erhaltet euch in der Liebe Gottes …“* (Judas 1,20f).

Nun, wie beten wir im Geist? Wir beten im Geist, indem wir uns mit seiner Gegenwart verbinden, uns seiner Leitung unterordnen und ihm erlauben, unsere Gebete zu bevollmächtigen. Wenn wir seiner Leitung folgen, dann zeigt er uns nicht nur die Dinge, für die wir beten sollen, sondern er gibt uns auch die Kraft, dafür zu beten (Römer 8,26f). Dabei ist es wichtig, unseren Gefühlen und unserer Sprache zu gestatten, mit seinen Gefühlen und seiner Sprache zu kooperieren. Das bedeutet es, im Geist zu beten.

Der Geist drückt sich auf verschiedene Weise durch uns aus. Er preist und dankt Gott durch viele unterschiedliche Arten von Liedern (Epheser 5,18f). Manchmal gibt er Seufzer von sich, die wir nicht in Worte fassen können (Römer 8,26). Einmal ruft er mit Liebe und kindlicher Sehnsucht nach Gott: *„Abba, Vater!“* (Galater 4,6), und ein anderes Mal proklamiert er Christi wunderbare Herrschaft über eine unmöglich scheinende Situation. Die Fülle der Gebetssprache des Geistes enthält zum einen die tiefe Anbetung der Majestät Gottes und des Opfers Christi (Offenbarung 4-5) und zum anderen die Sehnsucht nach der Rückkehr Jesu (Offenbarung 22,17). Der Heilige Geist hat eine gefüllte Schatzkammer der Sprache für jede Art von Situation und Emotion, der wir je gegenüberstehen. Was ich sagen will ist Folgendes: Im Geist beten heißt, sich ihm zu nahen, sein Wesen zu spüren, seine Stimme zu hören und mit ihm gemäß seiner spezifischen Leitung zu jedem Zeitpunkt zusammenzuarbeiten.

Es gibt eine Ausdrucksweise des Heiligen Geistes, die ich besonders betonen möchte, denn es ist diejenige, die uns in der Wildnis am effektivsten dient und am stärksten erfrischt. Es ist das Sprachengebet. Wer in einer unbekannten Sprache spricht, baut sich selbst auf (1. Korinther 14,4). Zungenrede oder Beten in Sprachen stellt eine direkte, unmittelbare Verbindung zu Gottes flüssigkeitsspendender Kraft in der Wüste her. Es ermöglicht uns, auf eine Weise zu beten, die weder durch unseren Verstand noch auf unsere Muttersprache begrenzt wird. *„Denn wer in einer Sprache redet, redet nicht zu Menschen, sondern zu Gott; denn niemand versteht es, im Geist aber redet er Geheimnisse“* (1. Korinther 14,2). Das Sprechen in unbekannten Sprachen mag vielleicht nicht direkt in einer Versammlung von Gläubigen helfen, (da unter Umständen niemand denjenigen, der spricht, versteht), doch es hilft auf jeden Fall demjenigen, der geistliche Flüssigkeit benötigt.

Es ist die betende Person, die durch die Zungenrede aufgebaut wird. Aufbauen beinhaltet weit mehr als Ermutigung. Der Geist ermutigt durch das Sprachengebet nicht nur unsere Herzen, sondern er baut auch unseren inneren Menschen auf. Er setzt die Segnungen frei, die uns als Gläubigen als Erbteil zustehen (Epheser 1,3) und verwandelt uns Schritt für Schritt in vollmächtige und reife Erben Gottes. Es stärkt also unseren Geist, wenn wir in anderen Sprachen beten.

Die Bibel lehrt, dass wenn wir im Gebet gegen schwere Bürden angehen, Gott uns diese abnimmt und durch übernatürlichen Frieden ersetzt (Philipper 4,6f). Wenn wir Gott inmitten unserer Probleme anbeten, führt uns das zum Durchbruch und erfüllt unsere Herzen mit Freude. Diese Freude wird dann zu unserer Stärke, sogar wenn das Problem zunächst noch weiter bestehen bleibt (Nehemia 8,10). Wir vermögen nun in einer Weise zu beten, die weit über das hinausgeht, was wir in unserer Muttersprache artikulieren oder ausdrücken könnten.

Das Sprachengebet hilft uns, direkt aus unserem Geist heraus und ohne die Eingrenzung unseres Verstandes zu beten. *„Denn wenn ich in Sprachen bete, betet mein Geist, aber ich verstehe nicht, was ich rede"* (1. Korinther 14,14; Neues Leben). So ein Gebet ist nicht nur frei von Blockaden und Fleischlichkeit, sondern es ist auch treffsicher wie ein Laserstrahl. Wenn Gott dann diese Gebete beantwortet oder wir die Begeisterung dieses Lobpreises erleben, empfangen wir ein großes Maß an Freude, Frieden und Stärke. Das ist die Kraft, die uns von innen heraus aufbaut und uns mit Strömen lebendigen Wassers aus den inneren Quellen des Geistes erfüllt – mitten in der Wildnis. Sie befähigt uns, die Wüstenzeit als Überwinder durchzustehen und durch unseren Glauben und unsere geistliche Kraft sogar noch andere zu stärken.

Wenn du dich in einer geistlichen Wildnis befindest, dann achte darauf, genug Flüssigkeit zu bekommen. Trinke tief und häufig aus deiner inneren Quelle, indem du im Geist betest. Erlaube Jesus, dich im Heiligen Geist zu taufen. Entdecke ganz neu die Tiefen seines Geistes. Öffne im Glauben deinen Mund und erlaube dem Geist, durch dich zu beten, auch wenn dein Verstand nicht versteht, wofür du betest. Wenn du diese Gewohnheit in der Wildnis entwickelst, wirst du immer mit Gott gefüllt sein. Es wird deinen Durst löschen, deine Seele stärken und dich vor dem geistlichen Austrocknen in den Zeiten der Dürre bewahren.

ÜBERLEBENSSTRATEGIE NR. 6

FINDE NAHRUNG!

Wenn wir in der Wüste eine Nahrungsquelle finden, hilft uns das ganz entscheidend, unsere Energie und unseren Fokus zu behalten und zu überleben. Es gibt verschiedene Pflanzen in diesen Regionen, die man essen könnte, doch manche sind auch giftig. Deshalb muss jeder, der sich in diesen Gegenden befindet, sehr darauf achtgeben, was er zu sich nimmt. Es ist darum ideal, bereits vor der – meist überraschend eintretenden – Wüstenzeit schon gelernt zu haben, was essbar ist und was nicht. Leider hat nicht jeder dieses Privileg.

Doch uns als Kindern Gottes ist dieses Privileg gegeben. Wir kennen unsere Nahrungsquelle in der Wildnis. Sie ist immer gesund und immer sauber. Wie ich bereits unter Überlebensstrategie Nr. 2 erwähnt habe, steht sie uns jederzeit zur Verfügung. Israel hat während seiner Zeit in der Wildnis darauf verzichtet, aber Jesus machte in seiner Wüstenzeit großen Gebrauch davon: *„Der Mensch lebt nicht vom Brot allein, sondern von einem jeden Wort, das aus dem Mund Gottes hervorgeht!“* (Matthäus 4,4; Schlachter).

Dieser Vers unterstreicht, dass das Wort Gottes, gemeinsam mit dem Geist Gottes, die Essenz, das Wesentliche des menschlichen Lebens ist. Wahres Leben wird nicht durch unsere physische Existenz bestimmt. Auch nicht das Erreichen unserer Bestimmung im Leben, wie z. B. in ein Land zu kommen, in dem Milch und Honig fließen, definiert wahres

Leben. Wahres Leben ist das ewige Leben, das allein aus Gottes Wort kommt. *„Im Anfang war das Wort, und das Wort war bei Gott, und das Wort war Gott. Dieses war im Anfang bei Gott. Alles wurde durch dasselbe, und ohne dasselbe wurde auch nicht eines, das geworden ist. In ihm war Leben, und das Leben war das Licht der Menschen"* (Johannes 1,1-4). Jesus selbst ist dieses Wort und er sagt: *„Die Worte, die ich zu euch geredet habe, sind Geist und sind Leben"* (Johannes 6,63). Das bedeutet, die Art und Weise unserer Beziehung zum Wort Gottes bestimmt auch die Art und Weise unserer Beziehung zu Jesus. Jesus ist das Leben selbst. Deshalb sagte er den religiösen Leitern, die sich ihm entgegenstellten: *„Ihr erforscht die Schriften, denn ihr meint, in ihnen ewiges Leben zu haben, und sie sind es, die von mir zeugen; und ihr wollt nicht zu mir kommen, damit ihr Leben habt"* (Johannes 5,39f).

Diese Wahrheit ist so wichtig, dass Gott sein Volk in die Wildnis führte, um sie ihnen dort beizubringen. Er führte sie in schwierige Situationen, demütigte sie, und ließ es zu, dass sie hungerten, damit sie auf die tiefstgehende Art, die denkbar war, entdecken konnten, dass es Leben hervorbringt, wenn man dem Wort Gottes vertraut und ihm gehorcht (5. Mose 8,2f). *„Bevor ich gedemütigt wurde, irrte ich. Jetzt aber halte ich dein Wort"* (Psalm 119,67). Gott führt uns durch geistlich herausfordernde Situationen, damit wir lernen, sein Wort zu halten. Die gute christliche Tugend, die Bibel zu lesen, reicht nicht aus. Die Bestimmung unseres Vaters für uns ist es, dass wir durch jedes seiner Worte tatsächlich Leben empfangen. Hierbei gibt es zwei wichtige Aspekte.

Zunächst bedeutet es, sich an seiner Wahrheit zu laben und sie in uns aufzunehmen, bis unsere Gedanken und unsere Denkweise verändert und erneuert sind. Es ist eine Sache, die Bibel zu lesen; doch es ist eine andere Sache, ihre Worte zu verschlingen, bis – wie ein Prediger es einmal sagte – sie anfangen uns selbst zu verschlingen. Gottes Wort muss unser Denken bestimmen, ein Denken, das vom Natürlichen ins Göttliche transformiert werden muss (Römer 12,2). Deshalb ist es so wichtig, dass wir in Gottes Wort geradezu schwelgen. Wir können nicht lediglich unsere Bibel lesen, um eine Pflicht zu erfüllen. Wir müssen Jeremias Hunger teilen: *„Als ich deine Worte fand, da verschlang ich sie; deine Worte sind mir zur Freude und Wonne meines Herzens geworden"* (Jeremia 15,16; Schlachter). Oder wie der Psalmist sagt: *„Wie süß schmecken mir deine Worte, sie sind süßer als Honig"* (Psalm 119,103; Neues Leben).

Das bedeutet, dass wir unsere alten Gedankenmuster den Gedanken Gottes, so wie sie uns in der Schrift vermittelt werden, anpassen. Wir lesen, wir studieren, wir meditieren, wir bekennen, wir proklamieren, wir prägen es uns ein. Wir füllen uns selbst mit Gottes Wort, so lange, bis es anfängt, unsere Denkstrukturen umzuformen und zu uns zurück zu sprechen. *„Bewahre, mein Sohn, das Gebot deines Vaters, verwirf* *nicht die Weisung deiner Mutter! Binde sie stets auf dein Herz, winde sie um deinen Hals! Bei deinem Gehen leite sie dich, bei deinem Liegen behüte sie dich, und wachst du auf, so rede sie dich an!"* (Sprüche 6,20-22).

Wenn Gottes Wort auf diese Art in unsere Seele gepflanzt wird, dann verändert sich unser Leben mehr und mehr in die Richtung unserer Bestimmung. Wir lesen dann nicht nur das Wort, sondern wir leben es auch. Die Wüste ist die Zeit, die direkt von Gott ausersehen wurde, damit wir sein Wort zur einzig entscheidenden Quelle unseres Lebens machen. Das Wort Gottes ist die einzige Sache, nach der wir letztlich leben müssen. Es ist aber auch die einzige Sache, die wir wirklich brauchen. Es ist unser Festmahl inmitten der Wildnis.

Nach dem Wort Gottes zu leben bedeutet auch, dem Wort gehorsam zu sein. Gehorsam gegenüber Gott ist immer wichtig. Er ist jedoch besonders wichtig in der Wildnis, denn dies ist die Zeit, in der uns Gott prüft, um zu sehen, ob wir ihm wirklich folgen. Wenn wir ihm in schwierigen Zeiten nicht gehorchen, dann werden wir es in leichten Zeiten auch nicht tun.

Der Autor des Hebräerbriefes ermahnt seine christlichen Geschwister, die durch eine geistliche Wildnis gehen, folgendermaßen: *„Heute, wenn ihr seine Stimme hören werdet, so verstockt eure Herzen nicht, wie es geschah bei der Verbitterung am Tage der Versuchung in der Wüste, wo mich eure Väter* *versuchten und prüften und hatten doch meine Werke gesehen vierzig Jahre lang. Darum wurde ich zornig über dieses Geschlecht und sprach: Immer irren sie im Herzen! Aber sie verstanden meine Wege nicht, sodass ich schwor in meinem Zorn: Sie sollen nicht zu meiner Ruhe kommen"* (Hebräer 3,7-11; Luther).

Er fährt fort und erklärt: *„Welchen aber schwor er, dass sie nicht in seine Ruhe eingehen sollten, wenn nicht denen, die ungehorsam gewesen waren? Und wir sehen, dass sie wegen des Unglaubens nicht hineingehen konnten"* (Hebräer 3,18f). Er benutzt hier deutliche Worte, um die Gemeinde vor Ungehorsam inmitten einer geistlichen Wildnis zu warnen. Genauso wie Gott Israel züchtigte, wird er auch sie züchtigen, wenn sie weiter ungehorsam sein wird. Sich in einer schwierigen Phase zu befinden, darf nie als Ausrede dazu dienen, das Wort Gottes zu übertreten.

Lass uns diesen Aspekt noch etwas näher betrachten. Der Autor des Hebräerbriefes verbindet Gehorsam und Glauben miteinander, als seien es zwei Seiten derselben Medaille. In dem oben zitierten Vers sind die beiden Wörter sogar austauschbar. Im ersten Satz verbannt Gott Israel aus dem Verheißenen Land wegen ihres Ungehorsams und im zweiten wegen ihres Unglaubens. Ihr Mangel an Glauben führte zu Ungehorsam. Und ihr Ungehorsam deutet auf ihren Mangel an Glauben hin. Weiterhin macht der Autor unmissverständlich klar, welchem genauen Wort Israel nicht geglaubt hat und ihm nicht gehorsam war: *„Denn auch uns ist eine gute Botschaft verkündigt worden, wie auch jenen; aber das gehörte Wort nützte jenen nicht, weil es bei denen, die es hörten, sich nicht mit dem Glauben verband"* (Hebräer 4,2).

Israel glaubte dem Wort nicht, das es gehört hatte. Dieses Wort, das sie abgelehnt hatten, war die Verheißung Gottes, dass sie in das Land ihrer Bestimmung kommen würden! Gott versprach ihnen ein Land, in dem Milch und Honig fließen. Er versprach ihnen ein gutes und weites Land, in dem sie Sicherheit genießen und Ruhe vor ihren Feinden haben würden. Er verhieß ihnen, sie aus der Gefangenschaft der Sklaverei zu befreien und sie in das Land ihrer Träume zu geleiten. Das war sein Versprechen, sein Wort an sie.

Welch eine Freude müssen die Israeliten empfunden haben, als sie nach Jahrhunderten der Sklaverei in Ägypten diese Verheißung hörten. Endlich erhielten sie ein Wort über ihr eigenes Land, ihre Identität und ihre Freiheit. Ein Traum würde wahr werden! Allerdings befanden sie sich schon bald in der Wüste – keine Milch, kein Honig, keine Sicherheit, kein Erbe, keine erfüllte Verheißung. Vor Monaten, als das Rote Meer sich vor ihren Augen teilte, mussten ihnen Gottes Verheißungen noch sehr real erschienen sein! Sie hatten in diesem Moment wahrscheinlich schon fast die Früchte des Landes schmecken und die Lilien riechen können. Aber stattdessen sah ihr Alltag nun anders aus: Staub, Gefahr, Felsen, Durst,

Schlangen und Angst – eben die Wildnis. Gott versprach das Verheißene Land, nur um sie dann in die Wüste zu führen. Anstatt in ihre herrliche Bestimmung einzutreten, mussten sie in einer Einöde umherwandern, gegen grausame Naturgewalten kämpfen und jeden Morgen nach Essen suchen.

Israel steckte in einem Dilemma. Das Wort Gottes, das eine glorreiche Zukunft versprach, schien in dieser Wildnis der zerbrochenen Träume absurd zu sein. Das Wort, das sie gehört hatten, erfüllte sie nicht länger mit Hoffnung, sondern hing wie ein großer Schatten über ihnen. Es lag außerhalb ihrer Reichweite und während sie das öde Land durchstreiften, war es, als verhöhnte und verspottete es sie. Israel war gefangen in dieser seltsamen Spannung zwischen Verheißung und Erfüllung, zwischen Gottes Integrität und den Umständen, die seinem Wort zu widersprechen schienen. Aber genau das war der Zeitpunkt, an dem sie glauben mussten. Hätten sie Gottes Wort inmitten dieser Krise geglaubt, dann hätten sie ihm auch gehorcht und die Verheißungen genossen. Doch da sie nicht glaubten, gehorchten sie auch nicht – und konnten auch nicht aus dem Wort profitieren. Gott stellte sie in diese Situation, um ihren Glauben und ihren Gehorsam zu prüfen.

Die Reaktion des Volkes war bedauerlich. Sie beschwerten sich über die Umstände. Sie sehnten sich nach den Tagen der Sklaverei in Ägypten zurück. Sie beteten Götzenbilder an. Sie wurden sittenlos. Sie kritisierten ihre Leiterschaft. Sie stellten den Herrn, der sie befreit hatte und ihnen Gutes versprochen hatte, auf die Probe. Und als sie von den Bewohnern ihres verheißenen Landes hörten, sagten sie: „*Wären wir doch bloß in Ägypten oder hier in der Wüste gestorben! Ach, wären wir doch schon tot! Warum hat uns der Herr in dieses Land gebracht? Etwa nur, damit wir hier in der Schlacht getötet werden und unsere Frauen und Kinder als Sklaven verschleppt werden? Wäre es da nicht das Beste für uns, nach Ägypten zurückzukehren? … Lasst uns einen Anführer wählen und nach Ägypten zurückkehren*" (4. Mose 14,2-4; Neues Leben).

Kein Wunder, dass sie Gott verärgerten. Sie stellten seine Treue aufgrund dessen, was ihre natürlichen Sinne wahrnahmen, in Frage, anstatt sich auf das zu verlassen, was Gott sagte. In anderen Worten: Israel wollte vom Brot allein leben und nicht von jedem Wort, das aus dem Mund Gottes hervorkam. Ihr Mangel an Glauben verwandelte sich langsam in offene Rebellion. Sie spotteten über Gottes Verheißungen und widersetzten sich seiner Leitung und seinen Anweisungen. Als Resultat profitierten sie nicht von dem Wort, das sie ursprünglich gehört hatten. Sie starben in der Wildnis, ohne das Verheißene Land betreten zu haben.

Deshalb dürfen wir, wenn wir uns in einer geistlichen Dürrephase befinden, unsere schwierige Situation nicht auf Gottes Charakter und Integrität projizieren. Gott ist immer gut! Von jedem Wort zu leben, das aus seinem Munde hervorkommt, bedeutet, seinen Verheißungen auch dann zu glauben, wenn sie unmöglich erscheinen. Das ist der eigentliche Sinn und Zweck der Wildnis! Wenn Gott uns ein Verheißenes Land zusagt, dann führt er uns deshalb normalerweise zuerst durch das Gegenteil – durch die Wüste. Dies sind die Wege Gottes, die Israel nicht kannte. Aber es sind die Wege Gottes, die wir kennen müssen!

Im Reich Gottes muss einer Auferstehung immer der Tod vorausgehen. Ewiges Leben erhebt sich aus einem Grab, ähnlich wie eine Quelle frischen Wassers aus der Kälte winterlichen Eises hervortritt. Entscheidend ist, dass wir diese geheimnisvollen, göttlichen Wege verstehen und inmitten des Tals des Todesschattens dem Wort glauben, das uns Leben verheißt. Jesus verkündete diese Art des Glaubens am Kreuz, als er sagte: *„Vater, in deine Hände befehle ich meinen Geist"* (Lukas 23,46; Schlachter). Das müssen auch wir tun. Gott möchte sehen, ob wir seinem Wort während unserer Zeit in der Wildnis glauben. Und er möchte sehen, ob wir ihm selbst dann noch glauben, wenn er uns aus unserer Selbstgenügsamkeit herausgerissen hat – noch bevor sich das Wort der Verheißung für uns erfüllt. Wenn wir ihm glauben, dann gibt uns diese Art des Glaubens die Stärke, ihm in dieser Unwirtlichkeit treu zu bleiben. Dies hält uns davon ab, zu murren, zu kritisieren und falsche Götter anzubeten. Und es bereitet uns auf den Lohn der Auferstehung vor – das Eintreten in das Verheißene Land.

So wird Gottes Wort zu unserer Nahrungsquelle in der Wildnis. Denn die Wildnis selbst wird uns keine geistliche Nahrung für unsere müden Seelen bieten. Der Teufel wird in diesen Zeiten kommen, uns auf die widrigen Umstände in dieser Wüste hinweisen und darauf pochen, dass Gottes Verheißung in Wahrheit nur eine Lüge ist oder dass wir ihn falsch verstanden haben. Aber wir müssen dieser Versuchung widerstehen. Wir dürfen unseren Blick nicht auf die äußeren Umstände richten, sondern auf Gottes Wort, indem wir es glauben und ihm gehorchen – sogar dann, wenn es absurd scheint, es zu tun. Vergiss es nicht: Der Grund, warum Gott uns auf den schwierigen Pfad der Wildnis geführt hat, ist, um zu sehen, ob wir seinem Wort auch dort noch glauben. Denn da zählt es wirklich. Sein Wort ist unsere Nahrung inmitten der Wildnis.

Der Hebräerbrief bietet noch weitere Impulse über das Wort Gottes, das zu Christen in der Wüste gesprochen wird. *„Denn das Wort Gottes ist lebendig und kräftig und schärfer als jedes zweischneidige Schwert und dringt durch, bis es scheidet Seele und Geist, auch Mark und Bein, und ist ein Richter der Gedanken und Sinne des Herzens"* (Hebräer 4,12; Luther). Betrachtet man den Kontext dieses Verses innerhalb des Briefes, so scheint er zunächst fehl am Platz zu sein. Der Autor hatte gerade über das Eintreten in Gottes Ruhe nach einer Wüstenzeit geschrieben: *„So lasst uns nun bemüht sein, zu dieser Ruhe zu kommen, damit nicht jemand zu Fall komme durch den* *gleichen Ungehorsam*" (Hebräer 4,11; Luther). Im nächsten Vers schreibt er, dass Gottes Wort schärfer ist als ein Schwert und in der Lage, die tiefsten Tiefen des menschlichen Herzens zu zertrennen.

Wenn Gott uns sein Wort der Verheißung gibt, während wir uns noch in Ägypten befinden, dann ist sein Wort wie ein frischer Atemzug des Lebens und der Hoffnung. Doch wenn dieselbe Verheißung mit uns in die Wildnis geht, dann wird sie dort zum Schwert, das die Tiefen unseres Herzens offenbart. Die wahre Intention unseres Herzens wird nur dann erkennbar, wenn die äußeren Umstände dem Wort der Verheißung komplett widersprechen. Nur dann wird deutlich, ob wir Gott wirklich vertrauen. Es wird immer klarer sichtbar, ob wir die Beziehung zu Gott unter unseren eigenen Bedingungen – der Seele – oder in seiner Abhängigkeit – dem Geist – leben. In anderen Worten: Wenn Gottes Wort der Verheißung mit uns in die Wildnis geht, dann offenbart es, ob wir Gott wirklich treu sind oder ob wir nur wollen, dass er unseren Interessen dient.

Es ist leicht, Gott zu vertrauen, wenn alles glatt läuft und wir gute Laune haben. Aber wenn unser Leben eine Wende einschlägt und dunkle Wolken aufziehen, wird es schwieriger, Gottes Wort zu glauben. An diesem Punkt werden wir mit der Versuchung konfrontiert, enttäuscht zu werden und Gott – oder zumindest anderen Christen oder unseren geistlichen Leitern – die Schuld dafür zu geben, dass das Wort nicht eingetreten ist. Es sind diese Momente, in denen deutlich wird, ob wir Gott wirklich treu sind, und zwar zu allen Zeiten, unabhängig von Umständen, oder ob wir ihm nur dann folgen, wenn es unserem eigennützigen Interesse dient. Diejenigen, die sich als Menschen des Geistes bewährt haben, werden sicher nicht alles genießen, was ihnen in der dieser Phase der Dürre begegnet, aber sie sind bereit, es anzunehmen. Sie wissen, dass Gott nur in der Wildnis sehen kann, ob wir ihm wirklich treu sind. Nur in dieser Wildnis wird Gottes Wort zum Schwert, das unsere wahre geistliche Stärke und Ausdauer offenbart.

Wenn wir Gottes Wege kennen, wissen wir, dass er Leben aus dem Tod hervorbringt. Gerade wenn uns die Wüste mitunter wie eine Art Kreuzigung unseres Selbst vorkommt, müssen wir dem Wort Gottes glauben, das uns Leben verheißt. Lass uns nicht dem Beispiel von Israels Ungehorsam folgen. Leiste dem Wort Gottes keinen Widerstand, auch wenn es inmitten deiner öden Zeit scheinbar so wenig Sinn ergibt. Genieße stattdessen das Wort Gottes! Erquicke dich an ihm! Verschlinge es, indem du natürliches Denken durch göttliches Denken ersetzt und im Glauben daran festhältst, auch dann, wenn es deinen Umständen widerspricht. So lebt man von jedem Wort, das aus Gottes Mund hervorkommt. So ernährt man sich in der Wildnis.

WILDNIS – ÜBERLEBENSHANDBUCH

SCHLUSS-FOLGERUNGEN

Die Wildnis ist ein trockener, rauer und erbarmungsloser Ort. Deshalb ist die Zeit in einer solchen Wildnis immer eine sehr schwierige Zeit für die menschliche Seele. Dennoch kann sie gleichzeitig zur Quelle einer großen geistlichen Segnung werden. Sowohl in der Geschichte Israels als auch im Leben von Jesus Christus sehen wir, dass Gott großartige Werke in der Wildnis vollbringt. In seiner Weisheit lässt Gott Leben aus Tod, Herrlichkeit aus Leiden und Ströme aus der Wüste hervorkommen. All dies geschieht, damit Gott allein die Ehre für sein herrliches Werk im Leben derjenigen erhält, die es wagen, sich von ihm in der Wildnis formen zu lassen.

„Ich werde auf kahlen Höhen Flüsse entspringen lassen und in den Tälern Quellen öffnen. In den Wüsten werden Teiche entstehen. Das trockene, verdorrte Land wird Wasserquellen bekommen. Ich werde in der Wüste Zedern, Akazien, Myrten und wilde Olivenbäume wachsen lassen und Zypressen, Ulmen und Pinien in der Steppe pflanzen. Dadurch sollen alle sehen und erkennen, merken und verstehen, dass der Herr, der Heilige Israels, dies bewirkt und geschaffen hat."
(Jesaja 43,18-20; Neues Leben)

Damit das geschehen kann, müssen wir uns der Absicht Gottes für diese herausfordernden Zeiten bewusst sein. Und wir müssen entschlossen sein, die Segnungen unserer Wüstenzeit auch zu ernten. Die Wildnis befreit uns von unserer Selbstgenügsamkeit, lehrt uns, wie wir uns völlig von Gott abhängig machen und formt uns in das Ebenbild seines Sohnes. Sie lässt die Herrlichkeit Gottes in uns zunehmen und verwandelt uns in Kanäle Gottes, durch die das Leben fließt. *„Wir haben aber diesen Schatz in irdenen Gefäßen, damit das Übermaß der Kraft von Gott sei und nicht aus uns. In allem sind wir bedrängt, aber nicht erdrückt; keinen Ausweg sehend, aber nicht ohne Ausweg; verfolgt, aber nicht verlassen; niedergeworfen, aber nicht vernichtet; allezeit das Sterben Jesu am Leib umhertragend, damit auch das Leben Jesu an unserem Leibe offenbar werde. Denn ständig werden wir, die Lebenden, dem Tod überliefert um Jesu willen, damit auch das Leben Jesu an unserem sterblichen Fleisch offenbar werde“* (2. Korinther 4,7-11).

Zu Beginn dieses Buches habe ich Churchill zitiert, der sagte: „Wenn du durch die Hölle gehst, dann geh weiter“. Übertragen auf uns bedeutet das: Wenn du durch eine geistliche Wildnis gehst, dann vergeude keine Zeit mit Murren und Beschweren. Erkenne die Absicht Gottes für die Zeit in der Einöde und gib nicht auf, bis du am Ziel angekommen bist! Um das zu schaffen, müssen wir Gottes Weisheit für die Wildnis praktisch umsetzen. Dieses geistliche Überlebenshandbuch ist dazu da, dich darin zu unterstützen. Lass uns noch einmal kurz die sechs Überlebensstrategien zusammenfassen:

1. **Keine Panik!** Widerstehe der Angst und empfange Gottes Liebe für dich persönlich.

2. **Schätze deine Lage richtig ein!** Verschaffe dir einen Überblick über die Ausrüstung, die Gott dir für deine Reise mitgegeben hat. Stelle fest, in welch einer Art Wüstenzeit du dich befindest, damit du weißt, was zu tun ist.

3. **Finde einen Bergungsort!** Sei dir dessen bewusst, dass Gottes Gegenwart in der Wildnis in unmittelbarer Weise bei dir ist. Suche Zuflucht in Gott.

4. **Zünde ein Feuer an!** Brenne für Gott. Bete ihn voller Leidenschaft an und erfahre seinen Schutz und seine Reinigung.

5. **Trinke Wasser!** Nimm ausreichend geistliche Flüssigkeit zu dir, indem du im Geist betest, insbesondere in anderen Sprachen.

6. **Finde Nahrung!** Erquicke dich durch intensive Beschäftigung mit Gottes Wort. Sei leidenschaftlich im Glauben und Gehorsam.

Wenn wir diese Ratschläge für die Wildnis anwenden, dann bereiten wir dem Herrn einen Weg in der Wüste und ebnen unserem Gott eine Straße durch die Steppe (Jesaja 40,3). Gott ist immer bei seinen Kindern, aber in diesen besonderen Zeiten geben wir ihm mehr Raum, in unserem Leben zu wirken, wenn wir ihm vertrauen und ihm auf seinen Wegen folgen. Mit dem Herrn an unserer Seite können wir aus jeder Wildnis so herauskommen wie Jesus: „*… in der Kraft des Geistes*" (Lukas 4,14). Sei also mutig. Bleib nicht stehen. Gehe einfach weiter. Der Schmerz, den die Wildnis mit sich bringt, mag groß sein, doch das, was diese Zeit für dein Leben bewirkt, ist weitaus größer und wird dich in den Sieg führen! Das Verheißene Land wartet auf dich …

WILDNIS – DAS ÜBERLEBENS-HANDBUCH

30-TÄGIGE BIBELSTUDIE

Durchlebst du gerade eine schwierige Phase in deinem Leben? Vielleicht erlebst du gerade eine geistliche Durststrecke oder hast das Gefühl, dass Gott deine Gebete nicht hört und du fragst dich, ob Gott dich überhaupt sieht.

Die Wildnis ist ein rauer Ort, und obwohl sie schmerzlich sein kann, ist sie für unser Leben existenziell wichtig. Sie gibt dir vielleicht sogar das Gefühl, im falschen Film zu sein und oft scheint es, als ob Einsamkeit und Hoffnungslosigkeit überhandnehmen. Doch du kannst gewiss sein, dass Gott mit dir ist, und dass er dir die Wildnis, auch in Bezug auf die Ewigkeit, zum Besten dienen lässt.

Damit dir diese Erfahrung jedoch wirklich Nutzen bringt, hilft es, ihren Sinn und Zweck zu verstehen. Und darum geht es in dieser Bibelstudie. Wir nehmen die Bibel als Grundlage für unser „Überlebenshandbuch" für die Wüste. Und in diesem Zuge übernehme ich sechs grundlegende Tipps von Experten für ein Überleben in der physischen Wildnis. Wir werden recht schnell feststellen, dass die Geheimtipps für das Überleben in einer natürlichen Wildnis parallel zu denen für das Überleben in einer geistlichen Wildnis verlaufen.

ÜBERLEBENSTIPP 1

KEINE PANIK

Auch wenn ich wandere im Tal des Todesschattens, fürchte ich kein Unheil, denn du bist bei mir; dein Stecken und dein Stab, sie trösten mich.

Psalm 23,4

Um in einer natürlichen Wildnis überleben zu können, brauchst du nicht nur die Fähigkeit, einen Unterschlupf zu errichten, ein Feuer zu machen und sauberes Wasser zu finden. Du brauchst eine bestimmte geistige Einstellung und Denkweise. Dein Wille zu überleben muss stärker sein als die Angst und der Stress, den die Krise hervorruft. Auf die gleiche Weise verhält es sich, wenn du dich in einer geistlichen Wildnis befindest. Erlaube nicht, dass Panik deine Entschlossenheit untergräbt.

Tag 1: Geistige Haltung

Wenn du in eine geistliche Wildnis gerätst, ist es leicht, der Fantasie freien Lauf zu lassen. Fragen, Sorgen und Zweifel können deinen Sinn bombardieren. „Werde ich je wieder hier rauskommen?“ „Warum passiert mir das?“ „Ist Gott böse auf mich?“ „Gibt es ihn überhaupt?“ Das zwanghafte Grübeln über solchen Fragen nagt an unserer Entschlossenheit, Gott zu vertrauen.

1. Wenn Probleme in deinem Leben auftreten – welche Fragen machen sich dann in deinen Gedanken breit?

2. Anstatt über solche Gedanken nachzugrübeln, müssen wir unsere Entschlossenheit stärken. Was schreibt Paulus in Kolosser 3,2 über unsere geistige Haltung?

3. Worauf sollen wir laut 1. Petrus 1,13 unsere Hoffnung setzen?

4. Wenn deine Fantasie mit dir durchgehen möchte, was kannst du gemäß Philipper 4,8 dagegen unternehmen?

Tag 2: Überwinder

Der Wille zu überleben kann die Angst, die eine Notsituation mit sich bringt, überwinden. Überlebenstechniken, so wichtig sie auch sein mögen, können diese Entschlossenheit nicht ersetzen. Tatsächlich starben manche Leute, die mit Überlebenstechniken vertraut waren, in einer wirklichen Wildnis, weil ihnen der Wille zum Überleben fehlte. Und andere, die keinerlei Ahnung von Überlebenstechniken hatten, überlebten, weil sie den Willen dazu hatten.

1. Warum ist der Wille zu überleben so wichtig?

2. Warum können wir gemäß Johannes 16,33 in dieser Welt Überwinder sein? Wie soll es uns laut Jesus dadurch gehen?

3. Welche Zusagen gibt uns die Bibel in 1. Johannes 4,4 und 5,4-5, damit wir in der Wildnis wirklich zuversichtlich bleiben können?

Aber in diesem allen sind wir mehr als Überwinder durch den, der uns geliebt hat.
Römer 8,37

Tag 3: Es kommt auf die Perspektive an

In der Wildnis hängt alles von der Perspektive ab. Wenn du dich also in einer Wildnis wiederfindest, bleib ruhig. Atme tief ein und halte einen Moment inne. Erinnere dich daran, wer Gott ist, wer du in Christus bist und was die Bibel über seine Treue in schweren und unruhigen Zeiten sagt. Angst macht dich anfällig für die Lügen des Feindes. Diese Art von Lügen sollen dein geistliches Durchhaltevermögen schwächen; doch genau dann muss der Überlebenswille hervorbrechen – der Wille, im Geist zu leben, während du Wüstenregionen durchquerst.

1. Wann musst du an die Güte Gottes erinnert werden?

2. Hier sind drei Gedächtnisstützen von Paulus. Was sagen sie über die Treue Gottes aus?

   1. Korinther 10,13

   1. Thessalonicher 5,24

   2. Thessalonicher 3,3

3. Zu allem, was Gottes Treue und Liebe angeht, wird der Feind dich anlügen. Er wird sogar Gottes Existenz anzweifeln oder deinen Wert in Gottes Augen. An welche Wahrheit müssen wir uns gemäß Hebräer 10,23 halten?

Tag 4: Glaube Gott

Wenn du dich als Kind Gottes in der Wildnis befindest, ist mit dem Willen zu überleben nicht nur der starke Wunsch zum Überleben gemeint. Vielmehr bezieht sich die Bibel hier auf die aufrichtige Entschlossenheit, Gott zu glauben. Während einer geistlichen Dürrezeit musst du dich – manchmal auch gegen jeden Umstand, jedes Gefühl und sogar den Rat von Freunden – entschließen, dass Gott real ist. Er ist gut. Er ist treu, und gemeinsam mit ihm wirst du es durch diese Phase hindurch ans andere Ufer schaffen.

1. Wir müssen uns entschließen, Gott zu glauben, egal wie schwer es ist. Was ist in deinem Leben gerade aktuell „schwer"?

2. In Römer 3,3-4 stellt Paulus die Frage nach menschlicher Untreue und Gottes Treue. Was wird sich ganz sicher nie verändern?

3. Was betet Daniel in 2. Samuel 7,28?

4. Warum müssen wir gelegentlich daran erinnert werden, dass unser Gott gut ist?

Ich bin der Herr, der barmherzige und gnädige Gott.
Meine Geduld, meine Liebe und Treue sind groß.
2. Mose 34,6 (Neues Leben)

Tag 5: „Gefiltert" vom Vater

Eines der wichtigsten Dinge, die du wissen darfst, selbst wenn um dich herum alles außer Kontrolle gerät: Als Kind Gottes wird dich und dein Leben schlussendlich nichts treffen, was Gott nicht sieht. Alle Dinge in deinem Leben werden vom Vater „gefiltert". Er liebt dich über alles. Er wacht über dir und wird nichts und niemandem gestatten, dich von ihm zu trennen.

1. Dürrezeiten, Veränderungen, die alles durcheinanderbringen, Enttäuschungen, die wehtun – wie können sie Teil von Gottes Plan sein?

2. Was ist Paulus' Hoffnung in Römer 8,38-39?

3. Wie verändert sich deine Perspektive mit dem Wissen, dass du geliebt bist?

4. Bedenke die nachfolgenden Auswirkungen in Römer 5,3-5. Wieso stärkt das Wissen über größeren Zusammenhang unseren Überlebenswillen?

Was sagt Römer 8,28 über diejenigen aus, die Gott lieben und die nach seinem Vorsatz berufen sind? Warum stärkt die Kenntnis über diese entscheidende Realität unsere Entschlossenheit?

Bleib ruhig und lass dir nicht vom Feind oder den Umständen vorgeben, wer Gott für dich ist. Weigere dich, etwas anderem als Gottes Wort zuzuhören. Glaube ihm. Vertraue ihm. Er steht dir treu zur Seite.

Denn ich kenne ja die Gedanken, die ich über euch denke, spricht der Herr, Gedanken des Friedens und nicht zum Unheil, um euch Zukunft und Hoffnung zu gewähren.
Jeremia 29,11

ÜBERLEBENSTIPP 2

BEURTEILE DEINE LAGE

Sondern ganz nahe ist dir das Wort, in deinem Mund und in deinem Herzen, um es zu tun.
5. Mose 30,14

Diejenigen, die in einer physischen Wildnis feststecken, müssen sich ihrer Umgebung bewusst sein und ihre Ressourcen sorgfältig analysieren. In gleicher Weise müssen wir uns als Gläubige der kostbaren Gaben bewusst sein, die Gott uns gegeben hat, damit wir in der Wildnis überleben und gedeihen können.

Tag 1: Kostbare Ressourcen

Wenn wir uns in der Wildnis verirrt haben, sind die Überlebenschancen um ein Vielfaches höher, wenn wir ein paar grundlegende Versorgungsmittel wie Essen, Wasser, ein Messer oder Streichhölzer haben. Diese Hilfsmittel sind besonders wichtig, wenn unser Überleben davon abhängt. Die Ressourcen, die Gott uns für unser geistliches Leben gibt, sind immer von unschätzbarem Wert. Doch in der Wildnis müssen wir sie aufs Neue entdecken und uns an ihnen festhalten wie nie zuvor.

1. Welches kostbare Gut gehört uns gemäß 2. Petrus 1,3-4?

2. Gibt es Annehmlichkeiten, auf die du nicht verzichten möchtest? Auf der anderen Seite, welche Ressourcen können dir niemals weggenommen werden?

3. Was schreibt Petrus anschließend in 2. Petrus 1,5-9 darüber, wie wir immer fruchtbar bleiben können, sogar in einer geistlichen Wildnis?

4. Welche Verheißung Gottes gibt uns Paulus in Philipper 4,19?

Tag 2: Ruheort der Wahrheit

Gottes Wort ist eine Oase der Wahrheit in jeder geistlichen Wüste. Egal, wie verdorrt deine Lebensphase aussehen mag, ist es eine allgegenwärtige Quelle der Erneuerung und Kraft. Seine Effektivität ist völlig unabhängig von äußeren Umständen.

1. Auch wenn sich unsere innere Landschaft ändert, können wir uns an den unveränderlichen Verheißungen festhalten. Was kann die Schrift gemäß 2. Timotheus 3,15-17 bewirken?

2. Wozu wurde Gottes Wort geschrieben, gemäß Paulus in Römer 15,4?

3. Ratschläge sind schnell erteilt. Doch es besteht ein großer Unterschied zwischen menschlicher Meinung und Gottes Wahrheit. Warum lobt Gott die Gemeinde in 1. Thessalonicher 2,13?

4. Wie wird das Wort Gottes zu einer Quelle der Kraft und der Versorgung in deinem Leben?

Er antwortete und sprach: Es steht geschrieben: „Nicht vom Brot allein soll der Mensch leben, sondern von jedem Wort, das durch den Mund Gottes ausgeht.“

Matthäus 4,4

Tag 3: Das innere Waffenlager

Der Feind kann sich unsere Wildnis zunutze machen, indem er uns mit Lügen und Versuchungen überschüttet. Die Waffe, die wir gegen ihn haben, ist die Wahrheit des Wortes Gottes. Jesus gibt uns ein Beispiel dafür, als er dem Teufel in seiner eigenen Wildnis mit dem Wort Gottes entgegnete (Matthäus 4,1-11).

1. Wie viele Schriftstellen hast du parat, weil du sie auswendig gelernt hast?

2. Was geschieht nach Psalm 119,11, wenn wir Gottes Wort in unseren Herzen verwahren?

3. Obwohl die Pharisäer die Schrift auswendig kannten und dem geschriebenen Buchstaben genau gehorchten, sagte Jesus, dass ihre Herzen weit von ihm entfernt wären (Matthäus 15,8). Was bedeutet es, Gottes Wort in unserem Herzen zu verwahren und wie unterscheidet es sich vom bloßen Auswendiglernen?

4. Gott verändert nicht immer unsere Umstände, aber er verändert unsere Sichtweise durch die Weisheit der Schrift. Warum ist es so wichtig, die richtige Perspektive zu haben?

Tag 4: Wegbegleiter

Die Wildnis muss für ein Kind Gottes kein einsamer Ort sein. Sie ist vielmehr eine Expedition, in der Gott möchte, dass wir sie in Gemeinschaft mit anderen durchleben. Es ist nicht Gottes Wille, dass Teile des Leibes Christi alleine Not erleiden. Wir gehören zusammen und teilen die Freude und den Schmerz des anderen. So funktioniert ein Leib.

1. Wenn wir in einer geistlichen Wildnis isoliert werden, sind wir besonders anfällig für Entmutigung und Irreführung. Was kann mit dem einsamen Wanderer, laut Salomo in Prediger 4,10, geschehen?

2. Wer ist auf deinem geistlichen Weg dein Wegbegleiter? Wessen Wegbegleiter bist du?

3. Wir sind aufgefordert, einander die Lasten zu tragen (Galater 6,2). Was ist außerdem laut Römer 12,15-16 die Aufgabe von Glaubensgeschwistern?

Lasst uns aufeinander achthaben … indem wir unser Zusammenkommen nicht versäumen, wie es bei einigen Sitte ist, sondern einander ermuntern, und das umso mehr, je mehr ihr den Tag herannahen seht!

Hebräer 10,24-25

Tag 5: Trost

Je größer unsere Offenbarung über die Gegenwart des Heiligen Geistes ist, desto größer ist unser Trost. Und je größer unser Trost ist, desto weniger kommt uns die Wildnis wie eine trockene Wüste vor. Das bedeutet nicht, dass der Heilige Geist uns vor allem Schmerz und Leiden schützt. Stattdessen bedeutet es, dass die Größe des Trostes durch den Heiligen Geist uns nicht nur dazu befähigt, unsere Freude und unseren Charakter in der Wildnis zu bewahren, sondern uns vielmehr in Christus wachsen und reifen lässt.

1. Was muss, laut Paulus in 1. Korinther 3,16, jeder Gläubige wissen?

2. Warum wollte Jesus laut Apostelgeschichte 1,8 den Heiligen Geist senden?

3. Wie beschreibt Jesus die Rolle des Heiligen Geistes in Johannes 14,16-17?

4. Laut Galater 5,18 sind wir vom Heiligen Geist geleitet. Auf welche Art versorgt er uns? Wann ist er unser Wegbegleiter? Wie tröstet er uns?

Nichts ist kostbarer, als sich der Gegenwart des allgegenwärtigen Gottes bewusst zu sein. Er kennt unsere Gedanken, Schwächen und die Art und Weise, wie wir auf Druck reagieren, und weiß somit genau, wie er uns am besten helfen kann.

Gott ist Kraft und Stärke und er wird uns hindurchbringen. Darüber hinaus sind wir dazu berufen, sein Wesen widerzuspiegeln – die Personifizierung der Liebe, des Charakters, der Weisheit und der Kraft unseres Herrn zu sein. Dazu hat Gott uns errettet. Er hat uns gerecht gemacht, damit wir durch ihn in das Ebenbild seines kostbaren Sohnes verwandelt werden. Nur so kann die Welt direkt und persönlich die Herrlichkeit Gottes sehen – durch uns.

ÜBERLEBENSTIPP 3

UNTERSCHLUPF FINDEN

Nur Güte und Gnade werden mir folgen
alle Tage meines Lebens; und ich kehre zurück
ins Haus des Herrn lebenslang.
Psalm 23,6

Sollte man im Natürlichen in einem unwirtlichen Gebiet feststecken, ist es unabdingbar, sich umgehend einen Unterschlupf zu suchen oder zu bauen. Die erste große Gefahr besteht darin, den Elementen schutzlos ausgeliefert zu sein. Direkte Sonneneinstrahlung und extreme Hitze können einen Sonnenstich verursachen, Regen und Kälte Unterkühlung auslösen. Ein geeigneter Unterschlupf bietet entweder den nötigen Schatten oder ausreichend Wärme. Jeder, der sich in einer geistlichen Wüste befindet, braucht Gott als seinen Schutz in der Wildnis.

Tag 1: Unser sicherer Hafen

Man kommt leicht in die Versuchung, eine Wüste als Abwesenheit Gottes anzusehen. Doch das entspricht nicht der Wahrheit. Dürres Land entbehrt vieler Annehmlichkeiten, doch niemals der Gegenwart Gottes! Als Kind Gottes bist du nie getrennt von ihm. Ganz im Gegenteil – Gottes Gegenwart ist unser sicherer Hafen, insbesondere in einer Wüstenphase.

1. Wie betete Mose in der Wüste laut 2. Mose 33,15? Warum wollte er nicht allein in die Wüstenregionen gehen?

2. Wie würdest du das Gefühl der Einsamkeit beschreiben?

3. Sieh eine geistliche Wildnis niemals als Abwesenheit Gottes an. Was wird dem Volk Israel gemäß Jesaja 4,5-6 von Gott gegeben, als es sich auf den Weg durch die Wüste macht?

4. Oftmals wird von Menschen bezeugt, dass die Gegenwart Gottes in Krisenzeiten des Lebens stärker spürbar ist. Hast du selbst dies auch so erfahren?

Tag 2: Gewohnheit

Als Kind Gottes findest oder baust du dir einen Unterschlupf, indem du Gott noch gewissenhafter suchst. Er ist dein sicherer Hafen in der Wüste. Es muss zu einer Gewohnheit werden, dass wir zu ihm laufen und in ihm bleiben. Gott ist unser Schutz und unsere Kraft. Übe es ein, jeden Tag Zuflucht in seiner Gegenwart zu suchen.

1. David nennt Gott „seine Zuflucht" (Psalm 61,4). Mit welchen anderen Dingen vergleicht er Gott in Psalm 18,3?

2. Was steht in Sprüche 18,10 über den Namen des Herrn?

3. Wie laufen wir zu Gott? Wie bergen wir uns in ihm?

Gott ist uns Zuflucht und Stärke, als Beistand in Nöten reichlich gefunden.
Psalm 46,2

Tag 3: Geborgen sein

Selbst unter extremen Bedingungen kannst du dich in Christus bergen. Bei ihm bist du beschützt und sicher wie in einer unbezwingbaren Burg, deren Mauern unendlich dick sind, ein stiller, eingefriedeter Garten mitten im Chaos.

1. Was kann Gott laut Psalm 32,7 für uns werden?

2. Wie beschreibt Jesaja 49,10 solch einen Bergungsort?

3. David schreibt andererseits in Psalm 40,10, dass etwas nicht verborgen ist.

4. Laut Psalm 46,2 ist Gott unsere Zuflucht und Stärke, ein bewährter Helfer in Zeiten der Not. Was bedeutet „bewährt"?

Tag 4: Die Stiftshütte

Überleg mal. Wann hat Gott erstmals verheißen, dass er unter seinem Volk wohnen würde? Wann hat er seine Gegenwart unter ihnen aufgerichtet? Wann gab er genaue Anweisungen für den Bau der Stiftshütte mitten in ihrem Lager? In der Wüste!

1. In der Wildnis stellte Gott einen Zufluchtsort zur Verfügung. Wie beschreibt er die Stiftshütte in Jesaja 4,6?

2. Was ist, gemäß 2. Mose 25,22, der Zweck der Stiftshütte?

3. Jesus schuf einen neuen Weg, Gott zu begegnen – von Angesicht zu Angesicht. Wie veränderte das die Beziehung, die wir mit ihm haben können? Was war Davids Gebet in Psalm 17,15?

Tag 5: Ihn suchen

Inmitten von Leiden und Schmerz können wir Jesus noch näher kennenlernen und ihn auf intensivere Weise erleben. Ganz egal, wie entmutigt du bist, steh auf, um ihn zu suchen. Umgebe dich mit seiner Liebe und Wahrheit. Nimm dir Zeit, in Gottes Gegenwart zu ruhen und dich in ihm zu bergen. Dann kannst du wissen, dass du sicher geborgen bist in Gottes starker Burg, welche von den rauen, dämonischen Mächten nicht durchdrungen werden kann.

1. Lies die Zwiesprache Davids mit Gott in Psalm 27,8.

2. Laut Psalm 27,4 strebt David nur nach einer Sache. Wenn du dir ein erstrebenswertes Ziel aussuchen würdest, was wäre diese wichtigste Sache für dich?

3. In Matthäus 6,33 fordert Jesus seine Nachfolger heraus, was zu erstreben?

4. Was brauchen wir laut Hebräer 11,6, um Gott zu gefallen? Wen wird er belohnen?

Die ihr Gott sucht, euer Herz soll leben!
Psalm 69,33

ÜBERLEBENSTIPP 4

EIN FEUER MACHEN

Und das Feuer auf dem Altar soll auf ihm in Brand gehalten werden, es soll nicht erlöschen …
3. Mose 6,5

Von entscheidender Wichtigkeit für das Überleben in der Wüste ist es, ein Feuer zu machen. Die Hitze der Flammen kann nasse Kleidung trocknen und uns aufwärmen. Durch Abkochen über dem Feuer kann man Wasser trinkbar machen. Experten sagen sogar, dass Feuer einen positiven psychologischen Effekt hat, indem es die Moral im Kampf ums Überleben stärkt. Auch für unser geistliches Leben brauchen wir die positiven Aspekte des Feuers.

Tag 1: Verzehrendes Feuer

Zeiten in der Wildnis machen uns empfänglich für eine negative Einstellung. Trauer kann uns wie ein kalter Schauer komplett durchnässen. Groll kommt gerne durch die Hintertür und vergiftet unsere Gedanken. Und Desillusionierung, die große Gefahr in der Wüste, macht uns blind für die Verheißungen der Treue Gottes. Das Feuer Gottes verzehrt all diese Gefahren. Es trocknet Trauer aus, kocht die Verunreinigung des Grolls weg und erhellt um uns herum die Nacht in der Wüste und stärkt dadurch unseren Glauben. Göttliches Feuer bringt Freude in der Wildnis.

1. Gott überließ seine Kinder niemals schutzlos den Gefahren der Wildnis. Wie schützte er sie gemäß Psalm 105,39? Wie machte dies ihre Reise erträglicher?

2. Laut Psalm 68,3 ist die Gegenwart Gottes wie ein Feuer. Was geschieht, wenn es brennt?

3. Welchen Vergleich zieht der Prophet Maleachi in Kapitel 3,2? Vergleiche dies mit Gottes Handeln an deinem eigenen Herzen. Was offenbart er? Was brennt er weg? Was bleibt übrig?

Denn auch unser Gott ist ein verzehrendes Feuer.
Hebräer 12,29

Tag 2: Sich Gott nähern

Nachdem Gott sich mit seiner Gegenwart unter seinem Volk niedergelassen hatte, musste er ihnen einen Weg zeigen, wie sie sich ihm nähern konnten. In anderen Worten musste er sie lehren, ihn anzubeten. Feuer hatte in Gottes Anweisungen zur Anbetung eine zentrale Bedeutung. Feuer repräsentiert leidenschaftliche und aufopfernde Anbetung.

1. Warum werden Anbetung und Hingabe mit Feuerflammen verglichen? Wodurch sind sie sich ähnlich?

2. Hebräer 13,15 spricht von einem „Opfer des Lobes". Wann ist Lob ein Opfer? Warum ist das in einer geistlichen Wildnis von Bedeutung?

3. Wann findest du es am schwierigsten anzubeten?

4. Wenn du deine Wildnis mit einer Welle von Anbetung überflutest, wie beeinflusst sie dich persönlich?

Tag 3: Flammende Hingabe

Gerade in Zeiten in der Wildnis darf das Feuer unserer Hingabe nicht verlöschen. Aufopfernde und ernsthafte Anbetung lässt die Flamme in unserem Herzen voller Liebe und Verehrung lodern. Und das ist genau das Feuer, welches Trauer, Groll, Desillusion, Kälte und Unreinheit aus unserem Herzen wegbrennt.

Flammende Hingabe erwärmt nicht nur unser Herz und vertreibt den Feind. Sie ist Gott wohlgefällig.

1. Wie beschreibt David seine Leidenschaft in Psalm 39,3-8?
2. Wie machte sich Davids Leidenschaft für Gott in seinem Leben bemerkbar?
3. In Offenbarung 2,4 findest du eine Warnung. Ist deine Leidenschaft schon abgekühlt? Oder dein Eifer abhandengekommen? Wie kann das Feuer der ersten Liebe wieder entfacht werden?
4. Was geschieht, wenn deine Liebe für Gott übersprudelt?

Tag 4: Verwalter der Anbetung

Wir brauchen uns nicht darum sorgen, unser Feuer selbst entfachen zu müssen. Auf die gleiche Weise wie Feuer aus der Gegenwart Gottes kam und den Altar Israels entfachte, zündet er auch unser Herz an. Wir müssen uns jedoch darum kümmern, dass es nicht verlischt. Gott entfacht es, aber er gebietet uns, es zu unterhalten.

1. Auf welche Weise kamen, laut Apostelgeschichte 2,3-4, die Gläubigen im Neuen Testament erstmals mit Feuer in Berührung? Was geschah danach?

2. Was befahl Gott den Priestern in 3. Mose 6,6?

3. Anbetung berührt Gott in der Tiefe, wenn sie aus der Tiefe unseres brennenden Herzens kommt. Wie erhalten wir ein unauslöschliches Feuer in unserer eigenen Seele?

Weil Gott so barmherzig ist, fordere ich euch nun auf, liebe Brüder, euch mit eurem ganzen Leben für Gott einzusetzen. Es soll ein lebendiges und heiliges Opfer sein – ein Opfer, an dem Gott Freude hat. Das ist ein Gottesdienst, wie er sein soll.

Römer 12,1 (Neues Leben)

Tag 5: Opfer der Liebe

Gott kann Menschen in ihre Bestimmung führen, wenn sie es gelernt haben, ihn in Wahrheit und mit hingegebenem und leidenschaftlichem Herzen anzubeten. Wir können kein reines Opfer der Liebe werden, wenn wir nur gelernt haben, unter idealen Bedingungen anzubeten, beispielsweise in mitreißenden Gottesdiensten, wo moderne Musik von professionellen Musikern gespielt wird. Wir müssen es lernen, in der Wildnis anzubeten. Wenn wir nicht in der Wüste für Gott brennen können, werden wir nirgendwo für ihn brennen.

1. Was sagt 1. Petrus 1,6-7 darüber, welche Rolle Leiden in unserem Leben spielt?

2. Hiob wurde von unzähligen Tragödien heimgesucht. Doch welche Einstellung hatte er laut Hiob 13,15? Was ist ein Opfer des Vertrauens?

3. Wozu fordert uns Hebräer 13,15 auf?

4. Wie beschreibt Paulus ein „erfülltes“ Leben in Epheser 5,18-20?

ÜBERLEBENSTIPP 5

TRINK WASSER

Gott, mein Gott bist du;
nach dir suche ich.
Es dürstet nach dir meine Seele,
nach dir schmachtet mein Fleisch
in einem dürren und erschöpften Land
ohne Wasser.
Psalm 63,2

Unser nächster Tipp fordert uns auf, Wasser zu finden. Wasserversorgung ist unerlässlich für ein Überleben in einer natürlichen Wildnis, ebenso wie David es im Psalm 63 in Bezug auf das „dürre und erschöpfte Land“ beschreibt. Und auch für das Überleben in einer geistlichen Wildnis ist es unverzichtbar. Auf die gleiche Weise, wie wir bei heißem und trockenem Wetter ausreichend sauberes Wasser trinken müssen, müssen wir in geistlichen Wüstenzeiten Gottes Gegenwart in uns aufsaugen.

Tag 1: Durst

Laut Überlebensexperten sollen wir auf keinen Fall warten, bis wir Durst verspüren, sondern so viel wie möglich trinken, um den Wasserhaushalt unseres Körpers aufrechtzuerhalten. Auf die gleiche Weise ist es unabdingbar, dass jeder, der sich in einer geistlichen Wildnis befindet, konstant mit dem Heiligen Geist erfüllt ist.

1. Welche Art von Wasser brauchen wir gemäß Jesus in Johannes 4,13-14 und 7,37-38 wirklich zum Überleben? Wie verändert es uns?

2. Wie beschreibt David seine Sehnsucht nach Gott in Psalm 42,2?

3. Wer wird laut Matthäus 5,6 gesegnet?

Die Jünger aber wurden mit Freude und Heiligem Geist erfüllt.
Apostelgeschichte 13,52

Tag 2: Wie ein Regenguss

Die Schrift beschreibt den Heiligen Geist oft als Wasser. Joel verkündet Israels zukünftige Wiederherstellung, indem er sie daran erinnert, dass Gott „... den Regen schickt nach seiner Gerechtigkeit. Herbstregen und Frühjahrsregen werden wieder einsetzen“ (Joel 2,23 Neues Leben). Dieses Bild überträgt er dann auf die Gabe des Heiligen Geistes: „Ich werde meinen Geist ausgießen über alles Fleisch“ (Joel 3,1).

1. In Johannes 7,37-39 sagte Jesus, dass Ströme lebendigen Wassers aus dem innersten Wesen derjenigen fließen würden, die an ihn glauben. Worüber spricht Jesus laut Johannes mit dieser Metapher?

2. Eine Person, die sich in einer physischen Wildnis befindet, muss nach externen Wasserquellen suchen. Aber wo ist die Wasserquelle des Geistes für Kinder Gottes?

3. Wie können wir diese inneren Quellen lebendigen Wassers anzapfen?

Tag 3: Gebet

Wenn die Gegenwart Gottes, die sein Geist ist, mit Wasser verglichen wird, wie können wir ihn in uns aufsaugen und mit seinem Heiligen Geist erfüllt werden? Eine Art, wie das geschieht, ist im Geist zu beten. Wir beten im Geist, wenn wir in seine Gegenwart kommen, uns eins machen mit seiner Führung und ihm erlauben, unserem Gebet Vollmacht zu verleihen. Wenn du dir dies in einer Trockenphase angewöhnst, wirst du immer von Gott durchdrungen sein. Gebet stillt deinen Durst und stärkt deine Seele.

1. Wie erklärt Paulus in Römer 8,26-27 die Rolle des Heiligen Geistes in unserem Gebet?

2. Wie sollen wir laut Paulus gemäß Epheser 6,18 beten? Wie ist das möglich?

3. Wenn Gebet die Erfrischung ist, die unsere Seele dringend benötigt, wie können wir Gebet zur Gewohnheit werden lassen? Wie hältst du deine Kommunikationskanäle offen?

Tag 4: Geistliche Ausdrucksformen

Wenn wir im Heiligen Geist beten, kommen wir ihm nahe, wir spüren sein Wesen, hören seine Stimme und machen uns eins mit ihm, je nachdem wie er sich in diesem speziellen Moment durch uns ausdrücken möchte. Dies kann auf unterschiedliche Weise geschehen. Erinnern wir uns an das, was er tun kann:

- **Gebet und Danksagung.** Was passiert, gemäß Epheser 5,18-19, wenn wir mit dem Heiligen Geist erfüllt werden?

- **Unaussprechliche Seufzer.** Wonach sehnen wir uns laut Paulus in Römer 8,23?

- **Liebevolles Ausrufen.** Wie können Gottes Kinder ihn gemäß Galater 4,6 nennen?

- **Beten für Jesu Wiederkunft.** In Offenbarung 22,17 wird unsere Sehnsucht klar beschrieben. Was sagen wir zusammen mit dem Heiligen Geist?

- Was sind andere Beispiele dafür, wie sich der Heilige Geist durch uns ausdrückt?

Der Geist und die Braut sagen: „Komm!" Und wer sie hört, soll sagen: „Komm!" Wer durstig ist, der komme. Wer will, soll kommen und umsonst vom Wasser des Lebens trinken!
Offenbarung 22,17

Tag 5: Durchdrungen

Das Beten in Zungen ermöglicht es uns, auf eine Weise zu beten, die nicht durch unseren Verstand beschränkt oder durch unsere Muttersprache begrenzt ist. So können wir direkt aus unserem Geist beten, ohne eingeschränkt zu sein. Wenn Gott diese Gebete erhört, empfangen wir Frieden, Freude und Kraft, in einer Weise, wie man sie nur so empfangen kann. Diese Kraft stärkt uns von innen und erfüllt uns mitten in der Wüste mit seinen „Strömen". Sie ermöglichen es uns, die Wüste als gesunde und kreative Menschen voller Glauben und geistlicher Lebensfreude, die anderen hilft, zu durchqueren.

1. Hast du jemals eine tiefe Sehnsucht in deinem Geist erfahren, für die du keine Worte hattest?

2. Was passiert, wenn wir gemäß 1. Korinther 14,4 in Zungen beten?

3. Welche anderen Wege gibt es, im Geist zu beten?

ÜBERLEBENSTIPP 6

NAHRUNG FINDEN

Der Mensch braucht mehr als nur Brot zum Leben. Er lebt auch von jedem Wort, das aus dem Mund Gottes kommt.
Matthäus 4,4

Eine Nahrungsquelle in der Wildnis zu finden, hilft dem Überlebenden, seine Kraft und seinen Fokus zu bewahren. Es gibt eine Vielzahl essbarer Pflanzen in der Wildnis, doch einige sind auch giftig. Deshalb muss man, wenn man ohne Nahrung irgendwo feststeckt, genau aufpassen. Idealerweise weiß man schon, bevor man in eine Notsituation gerät, welche Pflanzen essbar sind. Leider ist nicht jeder so gut vorbereitet. Als Kinder Gottes können wir jedoch gut vorbereitet sein, denn wir wissen bereits, wo unsere Nahrungsquelle ist – es ist das Wort Gottes.

Tag 1: Jedes Wort

Gottes Wort ist der Ursprung des menschlichen Lebens. Wahres Leben wird nicht durch unsere natürliche Existenz oder unsere Nahrung definiert. Es wird nicht einmal dadurch definiert, unsere Bestimmung im Leben zu erreichen. Wahres Leben ist ewiges Leben, welches nur durch Gottes Wort kommt.

Es gibt einen Unterschied zwischen lediglichem physischen Leben und Leben im wirklich ultimativen Sinn. Viele Menschen sind, während sie leben, bereits tot. Wahres Leben ist nicht eine Frage, ob man einen Puls hat, atmet, isst oder trinkt. Es gibt eine Qualität des Lebens, die nur durch „jedes Wort, das aus dem Mund Gottes kommt", hervorkommen kann.

1. Wodurch leben wir laut Jesus in Matthäus 4,4? Auf welche Art von Leben bezieht er sich?

2. Was geschieht, wenn man längere Zeit ohne Nahrung auskommen muss? Was geschieht, wenn einem Christen das Wort Gottes fehlt?

3. Wusstest du, dass Jesus seinen Vater zitierte, als er sagte: „Der Mensch lebt nicht vom Brot allein …"? Unter welchen Gegebenheiten wurden die Worte, die wir in 5. Mose 8,2-3 finden, zum ersten Mal gesagt?

Tag 2: Das Leben selbst

So, wie wir zum Wort Gottes stehen, so stehen wir zu Jesus, der das wahre Leben ist. Diese Wahrheit ist so wichtig, dass Gott sein Volk in die Wüste führte, um sie dort zu lehren. Er führte sie in Schwierigkeiten, demütigte sie und ließ sie hungern, damit sie die ganze Tiefe des Vertrauens und Gehorsams gegenüber dem Wort Gottes erfahren würden, das allein Leben gibt.

1. Welche „Vorher-Nachher"-Geschichte lesen wir in Psalm 119,67? Hast du selbst schon diese Erfahrung gemacht?

2. Was geschieht gemäß 1. Thessalonicher 2,13 an Menschen, die Gottes Wort als Wahrheit anerkennen?

3. Was lernen wir in Johannes 6,63 über die Worte, die Jesus sprach?

Also ist der Glaube aus der Verkündigung, die Verkündigung aber durch das Wort Christi.
Römer 10,17

Tag 3: Im Wort Gottes schwelgen

Es ist die Absicht unseres Vaters, dass wir aus jedem seiner Worte leben. Dies können wir dadurch erreichen, dass wir in dessen Wahrheiten „schwelgen“, bis sie uns in Fleisch und Blut übergegangen sind. Es ist eine Sache, in der Bibel zu lesen; sie jedoch förmlich zu verschlingen, ist etwas ganz anderes. Das Wort Gottes muss zu unserer mentalen Kultur werden, eine neue Art zu denken, die sich aus dem Natürlichen zum Geistlichen gewandelt hat.

1. Paulus schreibt ausführlich über ein erneuertes Leben. Wozu ruft er in Römer 12,2 auf?

2. Wir können nicht einfach unseren täglichen Bibelleseplan abarbeiten, sondern müssen nach Gottes Wort Verlangen haben, so wie Jeremia. Was sagt er über Gottes Wort in Jeremia 15,16?

3. Was finden die, die die Schrift genießen, gemäß Psalm 119,103?

4. Wozu fordert Paulus seinen geistlichen Sohn in 2. Timotheus 2,15 auf? Wie können wir es ihm gleichtun?

Tag 4: Sich mit Gottes Wort vollstopfen

Wir lesen, studieren, meditieren, bekennen, verkünden und lernen es auswendig. Wir stopfen uns tatsächlich mit Gottes Wort voll, bis es unsere Hirnwindungen verändert und uns immer gegenwärtig ist. Auf diese Weise verändern wir unsere alten Gedankenmuster in Gottes Gedankenmuster, so wie es uns in der Schrift geoffenbart wird. Wenn das Wort Gottes in unsere Seele eingemeißelt wird, verwandelt sich unser Leben dementsprechend. Dann lesen wir das Wort Gottes nicht nur, wir leben es.

1. Wie stopfst du dich momentan mit Gottes Wort voll?

2. Hebräer 4,12 beschreibt die Eigenschaften der Schrift. Was bedeutet es für dein Leben, wenn dieser Vers wahr ist und du dies täglich anwendest?

3. In welchen Bereichen kannst du sehen, wie das Wort Gottes in deinem eigenen Leben Veränderung hervorbringt?

Tag 5: Geistliche Entschlossenheit

Gott verheißt seinem Volk Befreiung aus der Gefangenschaft und ein herrliches Heimatland. Sie verließen Ägypten in der Erwartung, Ruhe zu finden. Doch in der Wildnis steckte Israel mitten in einer langandauernden und eigenartigen Spannung zwischen Verheißung und Erfüllung. Das Wort Gottes, welches eigentlich eine glorreiche Zukunft verhieß, sah in der dürren Wildnis der geplatzten Träume geradezu widersinnig aus.

Genau dort konnte Gott erkennen, welches Kaliber sein Volk hatte.

Gemäß dem Wort zu leben bedeutet, dem Wort gegenüber gehorsam zu sein. Gehorsam Gott gegenüber ist zu jeder Zeit wichtig. Doch in der Wildnis ist es besonders entscheidend, da Gott unsere Folgsamkeit prüft. Wenn wir in schwierigen Zeiten nicht gehorsam sind, werden wir es auch in leichten Zeiten nicht sein.

1. In Lukas 4,1 lesen wir, dass Jesus „voll Heiligen Geistes“ in die Wüste ging. In Vers 14, als Jesus aus der Wildnis zurückkehrte, heißt es, dass er „in der Kraft des Geistes“ zurückkehrte. Worin besteht der Unterschied bei diesen beiden Beschreibungen? Was geschah zwischen Vers 1 bis 14, was für diesen Unterschied entscheidend sein könnte?

2. Hebräer 3,7-11 beschreibt die Wüstenwanderung der Kinder Israels. Diese Menschen wurden von Gott geleitet und lebten unter seinem Schutz. Trotz der Wolke bei Tag und der Feuersäule bei Nacht „gingen sie in ihrem Herzen in die Irre". Wie ist das möglich? Kannst du das nachempfinden?

3. Jesus gelang in der Wildnis das, worin das Volk Israel versagte. Wo liegt der Unterschied, wie sie jeweils mit den Prüfungen und Versuchungen in der Wildnis umgingen?

Wenn es uns gut geht und wir uns wohl fühlen, ist es leicht, den Verheißungen Gottes zu glauben. Wenn uns das Leben jedoch übel mitspielt und dunkle Wolken über unserem Himmel hängen, ist es oft eine Herausforderung zu glauben. Treue Männer und Frauen finden bestimmt nicht an jedem Aspekt der Wildnis Gefallen, aber sie sind bereit, sich darauf einzulassen. Denn nur in der Wildnis prüft uns das Wort Gottes und bringt unsere tatsächliche geistliche Entschlossenheit zum Vorschein.

ÜBERLEBENSHANDBUCH FÜR DIE WÜSTE

SCHLUSSFOLGERUNG

In allem sind wir bedrängt, aber nicht erdrückt; keinen Ausweg sehend, aber nicht ohne Ausweg; verfolgt, aber nicht verlassen; niedergeworfen, aber nicht vernichtet ... damit auch das Leben Jesu an unserem sterblichen Fleisch offenbar werde.
2. Korinther 4,8.9.11

Die Wildnis ist ein ungezähmter Ort, eine äußerst schwierige Phase für die menschliche Seele. Und doch kann sie der Quell überwältigender geistlicher Belohnung werden. Damit dies jedoch geschehen kann, müssen wir uns an Gottes Absichten für Wüstenzeiten erinnern. Denn dies ist der Platz, der uns unsere Unabhängigkeit nimmt, uns lehrt, uns komplett auf Gott zu verlassen und uns immer mehr in das Ebenbild seines Sohnes verwandelt.

Gott ist immer bei seinen Kindern. Mit Gott an unserer Seite können wir, selbst in schwierigen Zeiten, wie Jesus „in der Kraft des Geistes“ aus der Wüste hervorkommen (Lukas 4,14). Sei also mutig. Geh voran. Der Schmerz in der Wildnis mag groß sein, aber noch größer ist die Herrlichkeit, die sich dadurch in deinem Leben offenbaren wird. Das verheißene Land wartet auf dich.